Manfred Becker-Huberti · DIE HEILIGEN DREI KÖNIGE

Manfred
Becker-Huberti

DIE HEILIGEN DREI KÖNIGE

Geschichten, Legenden und Bräuche

GREVEN VERLAG KÖLN

Wir danken den
Freunden und Förderern des Kölnischen Brauchtums e.V.
für die Förderung dieses Buches.

www.Greven-Verlag.de
Umschlag und Layout: Thomas Neuhaus, Billerbeck;
Manuela Keggenhoff, Grevenstein
Lithographie: Medien und Drucktechnik Ahler GmbH & Co. KG
Druck und Bindung: Passavia Druckservice GmbH, Passau

ISBN 3-7743-0356-8

Vorwort

Den Heiligen Drei Königen ist bis heute der Dank fast aller deutscher Schüler gewiss, seien sie nun katholisch oder auch nicht. Selbst wenn der Dreikönigstag nicht mehr in allen deutschen Bundesländern staatlicher Feiertag ist, wirkt sich der alte Festtag zumindest noch immer für die Schüler aus: Der Schulbeginn im neuen Kalenderjahr fällt fast immer hinter den 6. Januar, den Gedenktag der Heiligen Drei Könige.

Die Gebeine der Heiligen Drei Könige in Köln sind eben keine Reliquien wie andere auch. Der Tradition nach sind es die einzig erhaltenen Gebeine von Menschen, die den neugeborenen Messias gesehen haben. Es sind Reliquien von Menschen, die bereits in der Bibel rühmend erwähnt werden: Heiden, die sich auf ein Zeichen hin auf einen langen Weg mit ungewissem Ausgang begaben. Neben der jüdischen Unterschicht standen heidnische Intellektuelle an der Krippe, Menschen, die uns repräsentierten.

Ab 1164 veränderten die Reliquien der Drei die Stadt Köln. Die Legenden der Heiligen Drei Könige, ihr überaus großartiger Reliquienschrein, der darüber gebaute architektonische Schrein der gigantisch gotischen Kathedrale, die Wallfahrten der Pilger, das damit verbundene Brauchtum, die Auswirkungen in Kultur und Kunst und der jüngste Nachkomme, das moderne Sternsingerbrauchtum, lassen sich kaum zwischen zwei Buchdeckel bringen. Und trotzdem versucht es dieses Buch.

„Wir haben seinen Stern aufgehen sehen und sind gekommen, um dem Messias zu huldigen“ (vgl. Mt 2,2), sprachen jene Magier, die erst später zu Königen wurden. Und sie drückten mit diesem Satz aus: Wer Gott erkennt, muss ihn auch anbeten. Das eine erfordert das andere. Und dass die Heiligen Drei Könige auch in unserer Zeit

nach wie vor interessant und attraktiv sind, hat das 750-jährige Jubiläum des gotischen Doms zu Köln 1998 bewiesen. Wer die Scharen von Menschen gesehen hat, die sich – auch nach längerer Wartezeit – am Dreikönigenschrein vorbeischoben, hat etwas von der Faszination miterlebt, die diese Drei immer noch bewirken.

Der Autor dieses Buches hat seinen Stoff nach der vermuteten Interessenlage der Leser ausgewählt, um möglichst vielen möglichst viel Interessantes und auch das ein oder andere Neue anzubieten: Liturgie und Brauchtum, Alltag und Kultur, Frömmigkeit und wirtschaftliches Denken. Das Rheinland ist allein schon historisch derart vom Christentum geprägt, dass sogar die rheinischen Atheisten etwas gläubiger zu sein scheinen als anderswo.

Dank sei allen, die durch Zugeständnisse, Zulieferungen von zu fotografierenden Objekten, durch Rat und Tat, durch konstruktive Kritik und aufbauende Ermutigung den Fortgang des Projektes ermöglicht haben. Hierzu gehört auch der Dank an den Greven Verlag Köln, der, vertreten durch den Verlagsleiter Dr. Damian van Melis, dieses Buch gefordert und gefördert hat – liebenswert und eindeutig, wie es nun einmal seine unnachahmliche Art ist. Und weil der Autor dieses Buch in seiner sehr kargen „Freizeit" geschrieben hat, muss er große Dankbarkeit und viel Abbitte für entzogene Zeit seiner Frau Katharina abstatten, die auf die Heiligen Drei Könige auch schon einmal ein wenig unheiligen Zorn hatte, weil ihr Mann sich von ihnen derart hat gefangen nehmen lassen.

Dr. theol. Manfred Becker-Huberti

am Translationstag der Heiligen Drei Könige,
dem 23. Juli im Jahr 2004

Gebet eines Unbekannten

Zeige mir den Weg des Vertrauens
unter dem leuchtenden Stern,
wie die Weisen ihn gegangen
zu ihrem König und Herrn.

Zeige mir den Weg des Dienens
wie es Josef einst verspürt,
öffne mir Herz und Hände,
Weg, der zum Nächsten führt.

Schenke mir den Weg der Liebe,
wie du Maria gesegnet.
Gib mir die rechten Worte
für jeden, der mir begegnet.

Schenke mir den Weg des Dankens,
den Lobpreis der Hirten im Feld.
Gib mir das Herz, das voll Staunen
sich für dich offen hält.

Bleibe du an meiner Seite,
verlasse mich nicht.
Schenke auf den Weihnachtswegen
mir wieder dein leuchtendes Licht

Hinterglasmalerei
mit der Anbetung
der Heiligen Drei
Könige
Köln, um 1460

Geschichte der Heiligen Drei Könige

Graduale
Pergamenthandschrift
Köln, 1531
Dom, Schatzkammer

Das Grundmotiv, das zur Ausfaltung der Heiligen Drei Könige geführt hat, findet sich in der kurzen Erzählung des Matthäus-Evangelium 2,1–12. Mit dieser neutestamentlichen Erzählung wurden schon im 2. Jahrhundert die alttestamentlichen Weissagungen der Propheten Jesaja (60,1 –6) und Bileam (Num 24,17) verbunden. Als „Könige" werden die Magier erstmals von Tertullian (160–220) bezeichnet. Bis Caesarius von Arles (469–542) hat sich diese Auffassung gefestigt, die sich wesentlich auf Psalm 72,10f. stützt und dazu führte, dass die Heiligen Drei Könige bis in das 8. Jahrhundert vorwiegend als Magier mit der Phrygischen Mütze dargestellt werden.
Die Zahl von drei Personen erschloss Origenes (185–254) aus den drei Gaben, die die Magier überreichten: Gold, Weihrauch und Myrrhe. Seit Leo dem Großen (440–461) ist die Dreizahl der Könige fester Bestand der Überlieferung. Ein alexandrinischer Text aus der Zeit um 500, der im 9. Jahrhundert unter dem Namen „Excerpta Latina Barbari" ins Lateinische übersetzt wurde, ist die erste schriftliche Quelle der Namen der Drei Heiligen Könige: Kaspar, Melchior und Balthasar. Beda Venerabilis (674–735) übernimmt die Namen in seine „Collectanea et Flores". Die Differenzierung der Heiligen Drei Könige in drei Altersstufen scheint frühestens zu Anfang des 8. Jahrhunderts erfolgt zu sein.

Das „Fest der Erscheinung", Epiphanias oder Epiphanie, am 6. Januar kannte mehrere Festmotive: Geburt des Herrn, Anbetung der Magier, Taufe Christi im Jordan und die Hochzeit zu Kana sind die bedeutendsten. Stellte die Ostkirche die Taufe im Jordan in den Vordergrund, betonte die Westkirche die Anbetung der Magier. Diese unterschiedliche Profilierung des Festtermins scheint in der unterschiedlichen theologischen Tradition begründet zu sein: Im Osten hatten die Magier als Könige keine Tradition.

Die Reise der Heiligen Drei Könige
Sassetta (um1430)

Im Westen hat das Fest Epiphanie durch Augustinus (354–430) eine spezifische Bedeutung erlangt: Indem er die Heiligen Drei Könige als „primitiae gentium“, Erstlinge der Heiden, bezeichnete, hob er sie von den Juden ab und akzentuierte damit Nichtjuden als erste Anbeter der Gottheit Jesu. Weil Christus in sein Eigentum kam, die Seinen ihn aber nicht aufnahmen, wie es das Johannes-Evangelium ausdrückt (1,11), geraten diese Heiden zu den Vorläufern aller nichtjüdischen Christen.
Bekanntlich nahm die offizielle Kanonisierung von Heiligen in Ulrich von Augsburg (923–973) im Jahr 993 durch Papst Johannes XV. (985–996) ihren Anfang. Die „Heiligung“ von Heiligen zuvor basierte nicht auf einem kirchlichen Akt, sondern erfolgte „per viam cultus“ des Volkes, durch die kultische Verehrung, die ihren Ausdruck in der seit der Antike bekannten Nimbierung, der Ausstattung mit dem „Nimbus“, dem Heiligenschein, fand.
Auslöser der Verehrung der Heiligen Drei Könige in der West- und in der Ostkirche war die Entdeckung ihrer Gebeine im Jahr 1158. Nach einer Tradition befanden sich diese Gebeine in der Kirche Sant' Eustorgio in Mailand, einer kleinen, alten – und damals außerhalb der Stadtmauern gelegenen – Kirche. Von hier waren die Gebeine anlässlich der Belagerung der Stadt Mailand in Sicherheit gebracht worden. Sie wurden innerhalb Mailands in Glockenturm von S. Giorgio al Palazzo untergebracht, damit sie bei der befürchteten und dann auch erfolgten Belagerung und Eroberung der Stadt durch Kaiser Friedrich Barbarossa (1125–1190) keinen Schaden nahmen. Wann sie nach Mailand gekommen sind und durch wen, lässt sich nicht sicher belegen. Angeblich – so die als „Vita Eustorgii“ bekannte Legende – soll Kaiserin Helena († 330) sie gefunden und in Konstantinopel aufbewahrt haben. Von dort hat sie angeblich ein Bischof von Mailand namens Eustorgius zum Geschenk erhalten. Wahrscheinlich gelangten aber die Gebeine der Drei Heiligen Könige

Kaiser Friedrich I. Barbarossa
(1125–1190)
Deutscher Kaiser

erst im 12. Jahrhundert nach Mailand. Als Kaiser Friedrich Barbarossa am 26. März 1162 in das besiegte Mailand einzog, scheinen alle Reichtümer und damit auch die Reliquienschätze der Stadt in seine Hände gefallen zu sein. Gut zwei Jahre später, am 9. Juni 1164, zeichnete er seinen Reichskanzler, den Kölner Erzbischof Rainald von Dassel (1159–1167), der ihn bei seinen politischen Planungen unterstützt hatte, mit Ländereien und Besitzungen aus. Zwei Tage nach dieser Ehrung erfolgte eine ungleich größere: Der Erzbischof und Erzkanzler von Italien empfing aus der Hand des Kaisers die Reliquien der Heiligen Drei Könige und weitere Reliquien der heiligen Nabor und Felix dazu. Die Quellen berichten, Rainald von Dassel habe sofort befohlen, die „corpora Trium Magorum" nach Köln zu überführen.

Rainald von Dassel
Kölner Erzbischof
1159–1167

Rainald von Dassel hatte eine steile Karriere hinter sich. In den zwanziger Jahren des 12. Jahrhunderts als zweiter Sohn eines an der Werra begüterten Ritters geboren, hatte er die Hildesheimer Domschule besucht und – seine Sprachkenntnisse lassen das vermuten – in Frankreich studiert. Mit 22 Jahren war er bereits Propst in Hildesheim und drei anderen Stiften. Er wurde Vertrauter seines blinden Bischofs Bernhard und war später an der römischen Kurie tätig. Dann wurde er Hofkaplan bei Kaiser Friedrich I., genannt Barbarossa, und 1156 Kanzler. 1159 auf „Empfehlung" des Kaisers zum Kölner Erzbischof gewählt, ließ er sich mit seiner Priesterweihe bis 1165 Zeit. Er starb 1167 wahrscheinlich an Malaria auf einem Feldzug in Norditalien.

Verschiedene Quellen nennen neben den Reliquien der Heiligen Drei Könige, des Nabor und des Felix, noch zahlreiche weitere Reliquien: die der heiligen Brüder Gervasius und Protasius, deren Mutter Valeria, des heiligen Nazarius, der Makkabäischen Brüder,

des Gregor von Spoleto, des Apollinaris, des Bekenners Martin, des Ambrosius. Verwechslungen und Sonderinteressen scheinen diesen Katalog zu bestimmen. Die Übernahme der Reliquien durch Rainald von Dassel ist nicht nachzuweisen.
Wie mit einem Paukenschlag tauchen plötzlich die Dreikönigsreliquien auf, deren Existenz zwischen der Eroberung der Stadt (1162) und der Aushändigung der Reliquien (1164) sich ebenso wenig belegen lässt wie italienische Klagen wegen des außerordentlichen Verlustes dieser Reliquien nach deren Auffindung und Abtransport.
Die Translation der Dreikönigsreliquien („Tres Magi, corpora Trium Magorum“) von Mailand nach Köln, ein auch für die damalige Zeit exorbitanter Vorgang, ist dagegen gut belegt und lässt sich in Polen, England und sogar in Island nachweisen. Am 11. Juni 1164 im Besitz des kostbaren Reliquienschatzes, trat der Kölner Erzbischof sofort die Heimreise an. Am 12. Juni, nach einer Tagesreise von rund 60 Kilometern, kündigt er den Bürgern von Köln brieflich seine Ankunft mit dem Reliquienschatz an. Er teilt mit, er werde wegen seiner Feinde durch Burgund und die Gebiete links des Rheins reisen und sich so schnell wie möglich in Richtung Turin und die Alpen des Mont Cenis bewegen. Die Legende dagegen nahm an, der Erzbischof sei über den Brenner, St. Gotthard und St. Bernhard gereist, weil an dieser Strecke zahlreiche Kultstätten der Heiligen Drei Könige entstanden. Es spricht jedoch mehr dafür, dass Rainald tatsächlich über Vienne durch Hochburgund und dann den Rhein hinab nach Köln gezogen ist. Von Breisach aus könnte Rainald von Dassel rheinabwärts gefahren sein.
Die Legende berichtet, auf der Höhe von Remagen hätten die Schiffe angehalten und seien durch nichts fortzubewegen gewesen. Erst als Rainald gelobte, die von Gott für diesen Ort bestimmten Reliquien auszuliefern, hätten die Boote ohne menschlichen Einsatz das Ufer angesteuert. Sie seien unterhalb einer Höhe gelandet, auf der die

F. R. Unterberger
(1838–1902)
Rheinlandschaft
bei Remagen

uralte Martinskapelle stand. Nach mehrmaligem, umständlichen und mühseligem Aus- und Einschiffen der Reliquien – ein Verfahren, das man heutzutage wohl „trial and error" nennen könnte – habe festgestanden, dass die Apollinarisreliquien für die Martinskapelle bestimmt waren. Nachdem die Reliquien in der Kapelle beigesetzt waren, waren die Schiffe wieder flott und setzten ihre Reise fort. Und es heißt weiter: Zwei Priester seien zurückgelassen worden, um die Reliquien zu bewachen, ihre Echtheit zu bezeugen und das hier geschehene Wunder zu verbreiten.
Gegen diese Legende spricht, dass der Remagener Martinsberg im Jahr 1164 längst Apollinarisberg hieß und jene Reliquien beherbergte, die dem heiligen Apollinaris zugeschrieben wurden. Die Verknüpfung von Remagen und Köln, Apollinaris und den Heiligen Drei Königen scheint sich dadurch zu ergeben, dass der Tag der Ankunft der Dreikönigsreliquien in Köln und der Gedenktag des heiligen Apollinaris identisch sind: der 23. Juli. Im übrigen legitimierte die Legende die Apollinarisreliquien, deren Herkunft und Echtheit nicht zweifelsfrei nachzuweisen waren und sind.

Erzbischof Rainald von Dassel betrat nach mehr als dreijähriger Abwesenheit und ausgestattet mit einem unvergleichlichen Reliquienschatz seine Stadt Köln. Als Datum wird der 23. und der 24. Juli 1164 angegeben, wobei seit dem 12. bzw. 13. Jahrhundert der 23. Juli als Translationsfest der Heiligen Drei Könige begangen wird. Der Tradition nach hat Rainald die Stadt durch die „Dreikönigspforte" bei St. Maria im Kapitol betreten, die allerdings frühestens 1180 entstanden sein kann. Wahrscheinlich ist sie überhaupt erst zur Bewahrung der Tradition entstanden, der zufolge an dieser Stelle die

Dreikönigspforte in Köln

Heiligen Drei Könige ihre neue Residenzstadt Köln erstmalig betreten haben. Empfangen durch eine jubelnde Bevölkerung, wurden die Reliquien unter Gebet und Gesängen in den romanischen Hohen Dom geleitet und feierlich beigesetzt. Die Prozession hatte Folgen: Rainald von Dassel stiftete eine jährliche Prozession, die dem Weg der Magier vom Orient nach Betlehem entsprach, also am Ort der Anbetung, dem Dom, endete. Königlich gekleidete Personen folgten einem Stern, die „Granden" der Stadt trugen die Reliquien auf ihren Schultern. Die feierliche Messe im Dom begingen die Gläubigen zusammen mit dem gesamten Stadtklerus. Die szenische Prozession stellte also bereits ein Dreikönigsspiel dar und ist zugleich die Vorform des Sternsingerbrauchtums.
Wahrscheinlich hat Rainald von Dassel die Reliquien im Mittelschiff des Alten Domes aufstellen lassen. Genaueres ist nicht bekannt. Allerdings weiß man, dass unmittelbar nach 1164 eine rege Verehrung der Gebeine entstand. Und von Dassels Nachfolger, Philipp von Heinsberg (1167–1191), gab dem berühmtesten Goldschmied seiner Zeit, Nikolaus von Verdun, den Auftrag, einen kostbaren Reliquienschrein zu bauen. Diesen größten und kostbarsten Reliquienschrein des Mittelalters soll der Erzbischof von Heinsberg noch vor seinem Tod mit den Reliquien der Heiligen Drei Könige, der heiligen Felix und Nabor sowie denen des heiligen Gregor von Spoleto ausgestattet haben. In den zwanziger Jahren des 13. Jahrhunderts scheint der Reliquienschrein mit seiner Rückseite erst endgültig fertiggestellt worden zu sein. Um 1200 trennte man bei den Reliquien die Häupter ohne Unterkiefer ab und stellte sie gekrönt auf einem so genannten Häupterbrett aus.

Das Kölner Stadtwappen

Nikolaus von Verdun und Rainald von Dassel am Kölner Ratsturm

Mit der Grundsteinlegung zum gotischen Dom am 15. August 1248 begann das letztlich Jahrhunderte andauernde Unterfangen, ein Reliquienbehältnis über dem Reliquenschrein zu bauen, ein Abbild des Himmels auf Erden, einen würdigen Ort für die Zeugen der Geburt und Göttlichkeit des Christkindes. Kein Geringerer als Albertus Magnus hat 1277 den Altar in der Domsakristei geweiht. Die Bedeutung der Reliquien wuchs derart schnell ins Gigantische, dass bereits seit 1288 die drei Kronen der Heiligen Drei Könige in das Kölner Stadtwap-pen gelangten. Die älteste erhaltene Abbildung finden wir im Kölner Dom. Auf Glasfenstern, die um 1320 angefertigt wurden, befinden sich im oberen Schildhaupt drei goldene Kronen in rotem Feld.

Zu dieser Zeit begann sich auch das Fest der Heiligen Drei Könige in Köln zu entfalten: Neben dem Dreikönigstag, dem Fest der Epiphanie am 6. Januar, und dem Translationstag, dem 23. Juli, wurden der 1. Januar als Gedächtnistag für König Kaspar, der 6. Januar für König Melchior und der 11. Januar für König Balthasar feierlich begangen. Am 12. Januar folge dann noch ein gemeinsames jährliches Gedächtnis der Heiligen Drei Könige.
Als der gotische Chor 1322 fertiggestellt war, übertrug man den Reliquienschrein an einen Standort hinter dem Hochaltar, die durch Gitter gesicherte Achskapelle des Domes. Dort sollten die Gebeine bleiben, bis der für sie bestimmte Standort – vor dem Chor, unter dem Stern, der außen auf dem First des Chores angebracht ist – fertiggestellt war. Im Schnittpunkt der Vierung also, unter dem Stern auf dem Vierungstürmchen, sollte der Reliquienschrein aufgestellt werden. An diesem Ort hat der

Schrein nie gestanden, auch nicht nach der Vollendung des Dominneren im Jahr 1863.

Der Dreikönigsschrein im Kölner Dom

Wahrscheinlich zum 200-jährigen Jubiläum der Translation der Heiligen Drei Könige nach Köln im Jahr 1364 hatte der Kölner Chorbischof und nachmalige Bischof von Münster (1364–1376) und Utrecht (1376–1393) Florentius (Florenz) von Wevelinghoven (um 1330–1393) die Abfassung einer Dreikönigslegende in Auftrag gegeben: Johannes von Hildesheim veröffentliche in seinem Auftrag eine „Historia Trium Regum". Johannes von Hildesheim, zwischen 1310 und 1320 in Hildesheim geboren, trat in den Karmeliterorden ein, wurden nach Studien in Avignon und Paris 1361 Prior des Klosters in Kassel, 1364 Lektor, 1365 Prior und Lektor in Straßburg, begab sich 1367 auf eine Romreise und war danach in Speyer tätig. Er starb 1375 im Kloster Marienau in Hildesheim. Seine Legenden-Handschrift, vielfach in Latein abgeschrieben und in andere Sprachen übersetzt, wurde 1476 erstmals in Deutsch und 1477 in Latein gedruckt und seitdem viele Male nachgedruckt. Sie „enthält die Legende der Heiligen Drei Könige und ihres Sternes, vom Ausgang der Kinder Israels aus Ägypten an bis zur fortwährenden Verehrung ihrer Reste in Cöln", so zu Beginn des 19. Jahrhunderts Johann Wolfgang von Goethe. Diese Legende muss den Dichterfürsten wirklich berührt haben, denn zu einem späteren Zeitpunkt gesteht er: „Denn am Ende sind wir alle pilgernd Könige zu Ziele."
Die ausschweifend erzählende Legende des Johannes von Hildesheim hat das Mittelalter und die nachfolgenden Legenden geprägt.
Die überragende Bedeutung dieser Dreikönigslegende besteht darin, dass sie einerseits aus verschiedenen älteren Quellen, dem Matthäus-Evangelium natürlich, aber auch aus apokryphen Texten (Proto-

evangelium des Jakobus, Pseudo-Matthäus-Evangelium, Arabisches Kindheitsevangelium, Thomas-Akten, Thomas-Legende) und syrischen und persischen Legenden und verschiedenen Reiseberichten komponiert wurde. Andererseits werden die Heiligen Drei Könige als die ersten aller Heiden vorgestellt, die Christus verehrt haben. Damit waren sie nicht nur allgemein ein Vorbild für alle Nichtjuden, sondern Vorbild aller christlichen Könige, Patrone der Wallfahrer und Pilger. Die Dreikönigslegende des Johannes von Hildesheim wurde zur Vorlage für alle folgenden Dreikönigslegenden, ist als Quellensammung bedeutsam und ist selber Quelle der daraus entstandenen Dreikönigsbräuche.
Von 1322 an bis zum Jahr 1794, als der Dreikönigenschrein und der übrige Domschatz vor den heranrückenden Truppen Napoleons in die Prämonstratenserabtei Wedinghausen bei Arnsberg in Sicherheit gebracht wurde, war die Achskapelle des Domes sein Standort – auch nachdem in der zweiten Hälfte des 17. Jahrhunderts das Gittergehäuse durch ein Marmormausoleum ersetzt wurde.

Die Propsteikirche St. Laurentius in Alt-Arnsberg im Sauerland war die Hauptkirche des Klosters Wedinghausen

Zehn Jahre befanden sich die Heiligen Drei Könige in sauerländischem Exil, ehe sie 1804 nach Köln zurückkehrten. Bis 1807 wurde der Schrein restauriert und an seinem althergebrachten Verehrungsort wieder aufgestellt. Der Aufenthalt der Könige in Arnsberg hatte ungeahnte Folgen: Noch heute ist der Dom am Gedächtnistag der Heiligen, dem 6. Januar, beim traditionellen Gottesdienst, der stets im Radio übertragen wird, mit zahlreichen Sauerländern gefüllt, die „ihren" Heiligen Drei Königen die Reverenz erweisen. Und das tun sie nicht nur in Köln, sondern auch zu Hause, wo im Bereich des alten kurkölnischen Sauerlandes in den meisten Orten eine „Kölner Straße" an die alte Bindung erinnert.
Abgesehen von der zehnjährigen Unterbrechung während der Franzosenzeit verblieb der Reliquienschrein von 1322 bis zu den

Anbetung der Hl. Drei Könige am Marienaltar der Propsteikirche zu Arnsberg.
Das Holzrelief von 1650 war ein Dankesgeschenk des Kölner Domkapitels für die Unterbringung des Domschatzes während der Napoleonischen Kriege.

Feierlichkeiten des 700-jährigen Jubiläums der Dreikönigentranslation 1864 an seinem alten Standort. Nach den Feierlichkeiten überstellte man den Schrein in die Schatzkammer. Das barocke Mausoleum, das abgerissen werden sollte, stand noch über 25 Jahre leer, ehe es mit allen anderen barocken Elementen, die in den gotischen Dom Eingang gefunden hatten, beseitigt wurde.
Der Bau des gotischen Doms, 1248 begonnen, war um 1560 zum Stillstand gekommen. Nicht nur das Geld war ausgegangen, auch der gotische Baustil war aus der Mode gekommen. Bis in das 19. Jahrhundert stand die Bauruine mit einem nur halb verwirklichten Südturm, auf dem ein Holzkran thronte. Zahllose Zeichnungen und Stiche geben diesen markanten Zustand wieder. Aber nach der französischen Besetzung begann sich ein neues, national geprägtes Selbstbewusstsein zu bilden, und in Verbindung mit romantischen Ideen besann man sich auf die eigenen Leistungen und eigene Größe. In diesem Zusammenhang wurde auch der Kölner Dom und die in ihm präsente Idee von Größe neu entdeckt. Und damals wie heute bedurfte es eines Prominenten, der laut, öffentlich und für alle vernehmbar die Idee, die die anderen auch schon hatten, aussprach. Dieser Promi wurde in der Person von Johann Wolfgang von Goethe gefunden, der 1815, nach einem Besuch in Köln, für die Restaurierung des Domes eintrat und den Dom 1824 „das tüchtigste, großartigste Werk, das vielleicht je auf Erden gegründet worden sei", nannte.

Lorenz Janscha, Johann Ziegler: Der Domplatz zu Kölln (1798)

Der Kölner Dom wurde wieder zur Baustelle. Mit Enthusiasmus begann 1842, nach der Wiederentdeckung der alten Fassadenpläne, die Fertigstellung des Kölner Doms. Das Dominnere wurde 1863 fertiggestellt, die alten Pläne mit modernen Techniken und neuen

Dreikönigenmausoleum
Lithographie 1854–1855
François Stroobant

Möglichkeiten verwirklicht. Die Dachkonstruktion wurde z. B. nicht aus Holz, sondern aus Eisen gefertigt und diente damit dem Konstrukteur des Pariser Eiffel-Turms als Vorlage – und sicherte das Bauwerk, das das Gewicht einer hölzernen Dachkonstruktion gar nicht hätte tragen können. Als Letztes wurden 1880 die beiden Türme vollendet, damals die höchsten Bauwerke der Erde, an denen US-amerikanische Architekten den Gerüstbau für Hochhäuser studierten. 1880, 632 Jahre nach der Grundsteinlegung, war der gotische „Schrein" über dem Dreikönigenschrein endlich fertiggestellt.

Von 1842 bis 1880 hatte die preußische Staatskasse allein 6.270.763 Taler für den Dombau ausgegeben. Bis 1863 finanzierte der Staat den Bau mit über 50 Prozent der Kosten. Die im Zentral-Dombau-Verein zusammengeschlossenen – nicht nur Kölner! – Bürger bringen seitdem jährlich Millionenbeträge für den Kölner Dom auf.
Was zu einem – von katholischer Religiosität natürlich völlig unabhängigen – Beweis deutscher Tatkraft und nationalen Genies werden sollte, geriet in den Kulturkampf. Der deutsche Katholizismus wurde – gegen alle Absicht – durch die preußisch-staatliche Bedrängung gestärkt. Und der mit preußischer Hilfe fertiggestellte Kölner Dom geriet zwar zu einem Symbol Deutschlands, primär blieb er aber eine Kirche, in der eine Konfession Liturgie feierte, die sich nicht in die preußische Auffassung, wie sich Religion in den Staat zu integrieren habe, einzwängen ließ. Anton Wilhelm, der nicht minder aufklärerische Bruder des unter dem Pseudonym „Montanus" als kämpferischer Aufklärer bekannten Vincenz von Zuccalmaglio, räsonierte darum enttäuscht: „Der Dom sollte als Zeichen der Deutschen Einheit aufgebaut werden. Unter diesem schönen Vorwande hatte man allenthalben Teilnahme und Geld zu erlangen gesucht. Bald stellte es sich aber heraus, dass die Schwarze Partei hinter dem Werke steckte, dass diese es auszubeuten suchte.

Ich zog mich daher von dem selben zurück, obgleich ich dem Meister, wie den Fortschritten des Baues, die gleichfalls Fortschritte der Kunst wurden, gewogen und aufmerksam blieb." Beide Brüder von Zuccalmaglio distanzierten sich – wie ebenso Heinrich Heine – vom Kölner Dom, weil dieser zum Sinnbild eines an Stärke gewinnenden Katholizismus wurde.

Was 1864 wie ein Schlussstrich der Dreikönigsverehrung aussah, wurde es doch nicht. Eine geplante Neuaufstellung des Dreikönigenschrein im Nordturm kam nicht zustande. Nach dem Ersten Weltkrieg, genauer im Jahr 1920, erfolgte die Aufrichtung der Vorderwand des Mausoleums als Altarretabel im nördlichen Quer-hausarm. Der Schrein konnte nun an Festtagen von der Schatzkammer aus in diesen Aufbau hineingeschoben werden, und so wurde seine Stirnseite im Dom sichtbar.

Im Zweiten Weltkrieg war der Kölner Dom von 14 Sprengbomben getroffen und stark beschädigt worden. Der Innenraum konnte erst 1956 wiederhergestellt werden. Fertiggestellt ist der Kölner Dom aber nie. Er bleibt eine „ewige Baustelle," weil ständig an ihm renoviert und erneuert werden muss.

1948 gab man dem Reliquienschrein den heutigen Platz hinter dem Hochaltar. Wie in der christlichen Antike waren die Magier nun sprichwörtlich „zur Ehre des Altars" gelangt, waren in das zentrale liturgische Geschehen eingebunden. Als nach der Liturgiereform 1965 die Gottesdienste vom Hochaltar zu einem Volksaltar in der Vierung verlegt wurden, damit der Priester nicht mehr mit dem Rücken, sondern mit dem Gesicht zum Volk zelebrieren konnte, kam die Frage nach einer Neuaufstellung des Dreikönigenschreins wieder auf.

Als im Jahr 2003/4 die Glasvitrine um den Dreikönigenschrein erneuert werden musste, gestaltete man den Ort im Kölner Dom neu. Der Dreikönigenschrein blieb an der alten Stelle oberhalb und

Dreikönigenschrein
Kölner Dom

Der Erzbischof von Köln schreitet unter dem Dreikönigenschrein hindurch

hinter dem Hochaltar. Aber der Unterbau ist jetzt als ein Durchgang gestaltet, so dass man – wie im Mittelalter vielfach bei Reliquienschreinen üblich – unter den Reliquien hindurchschreiten kann. Im Wortsinn unterstellt man sich als Pilger und Wallfahrer der Autorität und der Fürbitte der Heiligen. Nach dem Dreikönigsgottesdienst am 6. Januar 2004 durchschritt Joachim Kardinal Meisner den Schrein zum ersten Mal – und mit ihm alle Gottesdienstteilnehmer.

Von 1164 bis heute, unterbrochen in der Zeit von 1794 bis 1804 und 1864 bis 1920, werden die Reliquien der Heiligen Drei Könige im Kölner Dom verehrt. Dabei hat es nicht an Versuchen Mailands gefehlt, die Gebeine von Köln wieder nach Mailand zu holen. Seit der ersten Hälfte des 14. Jahrhunderts feierte man dort die Heiligen Drei Könige wie vermutlich nie zuvor. Eine um 1340 verfasste Geschichte der Mailänder Bischöfe negierte den Raub der Gebeine und behauptete ihr Vorhandensein in Mailand. Dieser anachronistische Versuch scheint jedoch an der Ausstrahlung der Kölner Reliquien gescheitert zu sein, denn in Sant' Eustorgio zu Mailand besann man sich auf den vermeintlichen Translator der Reliquien, den in der Kirche ruhenden heiligen Eustorgius, und konzentrierte sich nun auf eine Sekundärreliquie, den Ducato di Tre Magi, eine Goldmünze, von der die Legende berichtete, sie habe bei der Übertragung der Reliquien durch Eustorgius von Konstantinopel nach Mailand im Sarkophag der Magier gelegen und ihr Gold stamme von jenem, das die drei Magier dem Christkind verehrt haben.

Der Mailänder Herzog Ludovico Sforza (1452–1507) wandte sich als erster in dieser Angelegenheit an den Kölner Erzbischof und erhielt von diesem die – sicherlich taktisch als Hinhaltung ad infinitum zu wertende – Antwort, man müsse zunächst die Erlaubnis und Vollmacht des Papstes einholen. Am 31. Januar 1495 aber richtete tatsächlich Papst Alexander VI. (1492–1503) aus der Familie

Der Mailänder Erzbischof
Carlo Borromeo (1538–1584)

der Borgia ein Breve an den Erzbischof von Köln, in dem er die Rückführung der Dreikönigsreliquien nach Mailand befürwortete. Diese Aktion verlief jedoch ebenso im Sande wie der Versuch der Dominikaner, die Sant' Eustorgio in Mailand übernommen hatten, über Papst Pius IV. (1559–1565) mit Hilfe einer Bittschrift an die Gebeine zu gelangen.

Der später heilig gesprochene Mailänder Erzbischof Carlo Borromeo (1538–1584) nahm um 1580 in gleicher Sache Kontakt auf mit dem Päpstlichen Nuntius in Flandern und Köln, Giambattista Castagna. Sein Ziel war es, wenigstens einen Teil der Reliquien wieder nach Mailand verbringen zu können. Als ihm der Nuntius aber mitteilte, die Dreikönigsreliquien würden in Köln sehr verehrt und streng bewacht und es bestehe keine Aussicht, auch nur den kleinsten Teil eines Daumens der drei Magier zurückzuerhalten, bestand der heilige Mailänder Erzbischof nicht mehr auf eine Kontaktaufnahme mit dem Kölner Amtsbruder.

Rund einhundert Jahre später hat Alfonso Litta, Erzbischof Mailands von 1652–1673, erneut Kontakt mit dem Kölner Nuntius, Opizio Pallavicino, aufgenommen. Der musste ihm aber mitteilen, die Reliquien würden im Kölner Dom noch immer streng bewacht. Teile der Gebeine zu beschaffen sei ebenso schwierig wie der Erwerb eines Steines der Santa Casa di Loreto oder eines Teils der im Lateran bewahrten Häupter der Apostel. Der Hinweis, vielleicht sei in Zukunft ja einmal der Erwerb von „un atomo d'un tanto loro tesoro" möglich, mag den Mailänder Erzbischof kaum getröstet haben

Schließlich, wenn auch erst nach Jahrhunderten, wurde der Wunsch der Mailänder doch noch erfüllt: Am 28. August 1903 übergab der Kölner Erzbischof Anton Fischer (1902–1912) dem in Köln weilenden Mailänder Erzbischof Andrea Carlo Ferrari einige Partikel der Dreikönigsreliquien: das Schien- und Wadenbein vom Ältesten, das Wadenbein vom mittleren und einen Halswirbel vom Jüngsten der

Sant´ Eustorgio in Mailand

Reliquienkasten für Dreikönigsreliquien

drei heiligen Magier. Ferrari wiederum revanchierte sich mit einem „Gegengeschenk", einer Kasel, Messgewand des heiligen Carlo Borromeo. Am 3. Januar 1904 wurden die wiedererworbenen Partikel der Dreikönigsreliquien in Mailand mit einer feierlichen Prozession eingeholt und in einem neu angefertigten Schrein oberhalb des Dreikönigsaltars in Sant' Eustorgio deponiert. Kleinere Partikel der Dreikönigsreliquien gelangten an S. Giorgio al Palazzo und S. Maria della Fontana.

Das Faktum, dass während der Phase der Mailänder Bemühungen um die Rückführung der Dreikönigsreliquien in anderen Mailänder Kirchen Dreikönigsreliquien vorhanden gewesen sein sollen, ist widersprüchlich und scheint unerklärlich. Die Forschung hat aber eine einleuchtende Erklärung. Anlässlich der Translation von 1164 hatte Rainald von Dassel an die Domkirche von Hildesheim drei kleine Partikel der Finger der Heiligen Drei Könige verschenkt. Da also bekannt war, dass Fingerteile der Heiligen Drei Könige außerhalb Kölns existierten, konnte man mit einer gewissen Glaubwürdigkeit behaupten, solche zu besitzen. Die Mailänder verknüpften die Daumenreliquien mit ihrem Stadtpatron Ambrosius (333–397) und seiner Schwester Marcellina. Noch zu seinen Lebzeiten habe Ambrosius seiner Schwester Reliquien vom Daumen der Heiligen Drei Könige geschenkt, die in verschiedene Mailänder Kirchen gelangt seien. Es war eine lokale Dreikönigslegende entstanden, die – unter Rückgriff auf Ambrosius und die Zeit der Christianisie-rung – die Echtheit der Reliquien unter Berufung auf die Kölner Tradition selbst begründete.

Am 21. Juli 1864 wurde der Dreikönigenschrein in Köln geöffnet. Die Reliquien sollten in eine neue Lade umgebettet und dabei in

Augenschein genommen werden. Man stellte bei der Untersuchung fest, dass es sich um nahezu vollständige Gebeine von männlichen Personen handelt, die im Alter von etwa 12, 30 und 50 Jahren gestorben sind. Die drei Lebensalter, die durch die Heiligen Drei Könige dargestellt werden, spiegeln sich also in den Reliquien wider. Streifenförmig waren zahlreiche Gebeine mit alten Stoffen umwickelt, von denen Proben entnommen, die erst ab 1979 wissenschaftlich untersucht wurden. Die Verblüffung aller war groß, als man feststellte, dass es sich um einen syrischen Blöckchendamast aus Seide, Purpur und Gold handelte, eng verwandt mit Stoffen, die man in den dreißiger Jahren des vorigen Jahrhunderts in Gräbern der Stadt Palmyra gefunden hatte und die aus dem 2./3. Jahrhundert stammten. Da der seidene Blöckchendamast nur bis in das 4. Jahrhundert gewebt wurde, verweist zumindest der textile Befund in die Zeit vor dem 4. Jahrhundert. Der in den Stoffen verarbeitete Purpur war immens kostbar, so dass nur hochadlige und äußerst vermögende Leute sich derartiges leisten konnten. Wann aber die einbalsamierten Körper in die kostbaren Textilien gekleidet wurden, lässt sich nicht feststellen.

Seidenstoff-Fragmente aus dem Kölner Dreikönigenschrein

Wappen der Gemeinde Garbeck bei Balve/Sauerland

Wappen der Gemeinde Burk bei Forchheim

Wappen der Gemeinde Linnepe bei Sundern/Sauerland

Wappen der Gemeinde Gondorf bei Bitburg

Alle oben gezeigten Wappen sind den Heiligen Drei Königen gewidmet

Die Verehrung der Heiligen Drei Könige war in Köln konzentriert: durch die Präsenz der Reliquien und die über Jahrhunderte dorthin führende Wallfahrt. Sie war aber nicht auf Köln beschränkt. Noch heute gibt es aktuell in wenigstens neun anderen deutschen Diözesen neben Köln Kirchen, die den Heiligen Drei Königen gewidmet sind:

Kirche	*Ort*	*Strasse*	*(Erz-)Bistum*
Hl. Dreikönige	58802 Balve-Garbeck	Märkische Str. 38	Paderborn
Hl. Drei Könige	51467 Bergisch-Gladbach-Hebborn	Odenthaler Str. 259	Köln
Hl. Drei Könige	51381 Bergisch-Neukirchen	Platanenweg 9	Köln
Hl. Dreikönige	12589 Berlin-Rahnsdorf	Grünheider Weg 102	Berlin
Hl. Dreikönige	55411 Bingen-Kempten	Dreikönigsstr.2	Mainz
Hl. Dreikönige	59519 Brüllingsen	Zum Löwerholz 14	Paderborn
Dreikönig	88693 Deggenhauser-Urnau	St. Georgsweg 10	Freiburg
Hl. Dreikönig	91301 Forchheim-Burk	Stillstr. 2	Bamberg
Hl. Drei Könige	37318 Fürstenhagen	Mittelstr. 13	Erfurt
Hl. Drei Könige	06242 Großkayna	Geiseltalstr. 46	Magdeburg
Hl. Drei Könige	54538 Kinderbeuren	Dorfstr. 23	Trier
St. Dreikönigen	50827 Köln-Bickendorf	Weißdornweg 91	Köln
Hl. Drei Könige	50997 Köln-Rondorf	Hahnenstr.21	Köln
Hl. Drei Könige	41464 Neuss	Jülicher Str. 63	Köln
Hl. Drei Könige	53343 Oberbachem	Dreikönigenstr. 24	Köln
Hl. Drei Könige	26203 Wardenburg	Litteler Str. 6	Münster

Festliche Fahne (Detail)
St. Dreikönig, Neuss

Interessanterweise treten die Heiligen Drei Könige nie einzeln oder unter ihren individuellen Namen auf. Sie sind Gruppenheilige oder Zahlenheilige.

Die den Heiligen Drei Königen gewidmeten Altäre und Glocken sind bislang nicht verzeichnet. Es dürften sich aber ansehnliche Zahlen ergeben.
Reliquien der Heiligen Drei Könige finden sich dagegen in nur sehr eingeschränkter Zahl außerhalb des Dreikönigenschreins in Köln. Hingewiesen wurde schon auf die nach Mailand zurückgegebenen Partikel und auf die Fingerteile, die Erzbischof Rainald von Dassel nach Hildesheim geschenkt hat. Im 18. Jahrhundert wurden dem Schrein einige Stücke entnommen, aber es handelt sich bis auf einen Fall immer nur um Sekundärreliquien, also Stoffteilchen, in die die Gebeine eingewickelt waren. Nur für den 21. April 1746 ist urkundlich belegt, dass Weihbischof Franz Kaspar von Francken-Sierstorpff zwei Partikel der Gebeine für ein silbernes Reliquiar entnommen hat, das Antonius d'Augustini, Sekretär des Fürstbischofs von Speyer, erhalten hat.
Im Erzbistum Köln hat sich keine der ehemals bestehenden Dreikönigsbruderschaften am Leben erhalten. Eine erste, auf die Spitzen der kölnischen Gesellschaft beschränkte Dreikönigsbruderschaft lässt sich für die zweite Hälfte des 13. Jahrhunderts nachweisen; sie scheint aber schon im 16. Jahrhundert nicht mehr handlungsfähig gewesen zu sein. Die Jesuiten gründeten am 6. Januar 1608 eine Marianische Bürgersodalität unter dem Titel der Verkündigung Mariens, der Heiligen Drei Könige und des heiligen Joseph, die so stark anwuchs, dass eine Junggesellen- und eine Lehrlingssodalität abgezweigt wurden. Die Bürgersodalität hat bis zum Zweiten Weltkrieg bestanden.

Auch ein Kölner Kochkunstverein schmückt sich mit den Kronen der Könige

Da es keine systematisierten Unterlagen über mittelalterliche und neuzeitliche Pfarrpatronate, Glockenpatrone, Bruderschaftspatronate usw. gibt, ist eine quantitative Analyse der Kultausbreitung für die Heiligen Drei Könige nur schwer anzustellen. Vielleicht aber kann das Faktum, dass eine so dezidiert evangelische Stadt wie Ulm an der Donau noch heute eine Dreikoniggasse und eine Sterngasse aufweist, ein Hinweis auf die ursprüngliche Verbreitung und Nachhaltigkeit der Verehrung der heiligen Magier sein.

Die Gebeine der Heiligen Drei Könige stellen ein uraltes christliches Reliquiengut von geradezu messianischem Alter dar. Doch lässt sich letztlich weder ein Beweis der Echtheit noch der Unechtheit führen. Verbunden sind die Heiligen dagegen mit einer bewiesenen fast tausendjährigen Tradition. Wann und wie und von wo die Reliquien nach Mailand gekommen sind, lässt sich wohl kaum mehr klären.
Heute gilt die Auffassung, dass die Frage der Echtheit von Reliquien im naturwissenschaftlichen Sinn für die Verehrung der Heiligen und ihrer Reliquien nur zweitrangig ist. Selbst ein negativer Befund von Reliquien kann eine Verehrungstradition nicht abbrechen. Den eindeutigen Beweis der „Echtheit“ von Reliquien können aber auch verfeinerte naturwissenschaftliche Methoden nicht antreten. Erbracht werden lediglich Indizien, die für die eine oder die andere Annahme sprechen. Authentisch und echt aber werden die Reliquien von Heiligen durch ihre über Jahrhunderte ununterbrochene Verehrung, die den Heiligen selbst gilt.
Wie sehr die Heiligen Drei Könige bis in die Gegenwart prägen, lässt sich auch an folgendem Ereignis ablesen: Als Joachim Kardinal Meisner als Erzbischof von Köln zum ersten Mal einen Gottesdienst am 6. Januar 1990 im Kölner Dom feierte, kämpfte er mit den Tränen. Er erzählte dann,

Anbetung der Heiligen Drei Könige
Elfenbeintriptychon
Paris, Mitte 14. Jahrhundert

dass er als Flüchtlingskind der einzigen katholischen Familie in ei-nem thüringischen Dorf diese Messe ein erstes Mal über das Radio im Dorf beim Friseur hatte hören dürfen. Das hohe Stimmchen des damaligen Erzbischof Josef Kardinal Frings sei ihm noch immer im Ohr. Mein Gott, habe er das damals Unmögliche gedacht, diesen Gottesdienst möchtest du einmal im Kölner Dom mitfeiern. Und nun habe Gott ihn, ein Flüchtlingskind aus der tiefsten Diaspora, an diese Stelle geführt, um jährlich diesen Dreikönigsgottesdienst zu leiten!

Quellen

Anbetung der Könige zur
Sext des Marienoffiziums,
Pariser Stundenbuch
um 1440–1450

Dieses Kapitel gibt Einblick in die literarischen Quellen zu den Heiligen Drei Königen. Der biblische Bericht des Matthäus-Evangeliums steht natürlich als Fundament da. Er wird aber durch einen außerbiblischen Bericht (= Apokryphe) ergänzt: das Protoevangelium des Jakobus.

Dann folgt die wichtigste Legende von Johannes von Hildesheim in Auszügen. Sie hat Ikonographie und Brauchtum der Heiligen Drei Könige maßgeblich beeinflusst. Ergänzt wird sie durch einen Text aus der Goldenen Legende (= Legenda aurea) des Jacobus de Voragine. Diese Legende prägt noch heute das Bewusstsein mancher Katholiken, während die des Johannes von Hildesheim eher in den Hintergrund getreten ist.

Im dritten Kapitel werden diese Quellen kurz interpretiert.

1. Die Bibel

Die Huldigung der Sterndeuter: Mt 2,1-12

2,1 Als Jesus zur Zeit des Königs Herodes in Betlehem in Judäa geboren worden war, kamen Sterndeuter aus dem Osten nach Jerusalem

Lk 2,4-7

Das mit «Sterndeuter» übersetzte griechische Wort (magoi) bezeichnete zunächst die Mitglieder einer persischen Priesterkaste, die sich mit Sternkunde und Astrologie befassten, sodann allgemein babylonische und sonstige Astrologen. Sie wirkten oft als Berater von Königen, Fürsten und reichen Leuten.

2,2 und fragten: Wo ist der neugeborene König der Juden? Wir haben seinen Stern aufgehen sehen und sind gekommen, um ihm zu huldigen.

Num 24,17

Andere Übersetzungsmöglichkeit: Wir haben seinen Stern im Osten gesehen. Entsprechend in V. 9.

2,3 Als König Herodes das hörte, erschrak er und mit ihm ganz Jerusalem.

2,4 Er ließ alle Hohenpriester und Schriftgelehrten des Volkes zusammenkommen und erkundigte sich bei ihnen, wo der Messias geboren werden solle.

Joh 7,42

2,5 Sie antworteten ihm: In Betlehem in Judäa; denn so steht es bei dem Propheten:

Epiphanie,
Evangelienbild aus
dem 11. Jahrhundert,
Codex aureus von
Echternach

2,6 Du, Betlehem im Gebiet von Juda, bist keineswegs die unbedeutendste unter den führenden Städten von Juda; denn aus dir wird ein Fürst hervorgehen, der Hirt meines Volkes Israel.

Mi 5,1.3; 2 Sam 5,2

2,7 Danach rief Herodes die Sterndeuter heimlich zu sich und ließ sich von ihnen genau sagen, wann der Stern erschienen war.

2,8 Dann schickte er sie nach Betlehem und sagte: Geht und forscht sorgfältig nach, wo das Kind ist; und wenn ihr es gefunden habt, berichtet mir, damit auch ich hingehe und ihm huldige.

2,9 Nach diesen Worten des Königs machten sie sich auf den Weg. Und der Stern, den sie hatten aufgehen sehen, zog vor ihnen her bis zu dem Ort, wo das Kind war; dort blieb er stehen.

2,10 Als sie den Stern sahen, wurden sie von sehr großer Freude erfüllt.

2,11 Sie gingen in das Haus und sahen das Kind und Maria, seine Mutter; da fielen sie nieder und huldigten ihm. Dann holten sie ihre Schätze hervor und brachten ihm Gold, Weihrauch und Myrrhe als Gaben dar.

2,12 Weil ihnen aber im Traum geboten wurde, nicht zu Herodes zurückzukehren, zogen sie auf einem anderen Weg heim in ihr Land.

Die Flucht nach Ägypten: Mt 2,13-15

2,13 Als die Sterndeuter wieder gegangen waren, erschien dem Josef im Traum ein Engel des Herrn und sagte: Steh auf, nimm das Kind und seine Mutter, und flieh nach Ägypten; dort bleibe, bis ich dir etwas anderes auftrage; denn Herodes wird das Kind suchen, um es zu töten.

2,14 Da stand Josef in der Nacht auf und floh mit dem Kind und dessen Mutter nach Ägypten.

2,15 Dort blieb er bis zum Tod des Herodes. Denn es sollte sich erfüllen, was der Herr durch den Propheten gesagt hat: Aus Ägypten habe ich meinen Sohn gerufen.
Hos 11,1

Betlehemitischer Kindermord zur Vesper des Marienoffiziums Brügger Stundenbuch um 1475–1480

Der Kindermord in Betlehem: Mt 2,16-18

2,16 Als Herodes merkte, dass ihn die Sterndeuter getäuscht hatten, wurde er sehr zornig, und er ließ in Betlehem und der ganzen Umgebung alle Knaben bis zum Alter von zwei Jahren töten, genau der Zeit entsprechend, die er von den Sterndeutern erfahren hatte.

2,17 Damals erfüllte sich, was durch den Propheten Jeremia gesagt worden ist:

2,18 Ein Geschrei war in Rama zu hören, lautes Weinen und Klagen: Rahel weinte um ihre Kinder und wollte sich nicht trösten lassen, denn sie waren dahin.

Jer 31,15

Rahel, die Mutter der Stämme Benjamin und Efraim nicht aber Juda –, wurde bei Rama, etwa acht Kilometer nördlich von Jerusalem, begraben (vgl. 1 Sam 10,2). Zur Zeit Jesu vermutete man dieses Grab am Weg von Jerusalem nach Betlehem (vgl. Gen 35,19; 48,7). Noch heute steht dort eine Gedenkstätte.

2. Die Apokryphen

Protoevangelium des Jakobus: 21,1–22,1

21,1 Und siehe, Joseph schickte sich an, nach Judäa hinauszuziehen. Und eine große Erregung entstand in Betlehem in Judäa. Es kamen nämlich Magier, die sagten: Wo ist der neu geborene König der Juden? Denn wir haben seinen Stern im Osten gesehen und sind gekommen, ihn anzubeten *(Mt 2,1f.)*.

21,2 Als Herodes das hörte, erschrak er und sandte Diener zu den Magiern und ließ die Hohenpriester kommen und fragte sie aus: Wie steht über den Messias geschrieben? Wo wird er geboren? Sie sprachen zu ihm: In Betlehem in Judäa; so steht es nämlich geschrieben *(Mt 2,4f.)*. Da entließ er sie. Und er fragte die Magier aus und sprach zu ihnen: Was für ein Zeichen habt ihr über dem neugeborenen König gesehen?

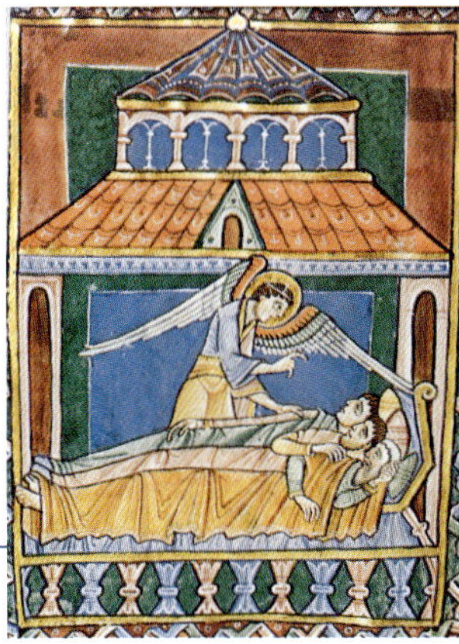 

Miniaturen aus dem Albani-Kodex
Vollendet nach 1123
in der Abtei St Albans
bei London

Und die Magier sprachen: Wir haben gesehen, wie ein unbeschreiblich großer Stern unter diesen Sternen schien und die anderen verdunkelte, so dass sie nicht mehr schienen; und so erkannten wir, dass für Israel ein König geboren wurde. Und wir sind gekommen, ihn anzubeten. Da sprach Herodes: Gehet und suchet, und wenn ihr ihn gefunden habt, berichtet mir, damit ich auch hingehe, um ihn anzubeten *(Mt 2,8)*.

21,3 Und die Magier gingen fort. Und siehe, der Stern, den sie im Osten gesehen hatten, zog vor ihnen her, bis sie zur Höhle kamen. Und er blieb zu Häupten der Höhle stehen *(Mt 2,9)*. Und die Magier sahen das Kindlein mit Maria, seiner Mutter, und sie holten Geschenke aus ihrer Reisetasche: Gold, Weihrauch und Myrrhe *(Mt 2,11)*.

21,4 Und da ihnen von dem Engel offenbart war, sie sollten nicht nach Judäa gehen, zogen sie auf einem anderen Weg in ihr Land *(Mt 2,12)*.

22,1 Als aber Herodes erkannte, dass er von den Magiern hintergangen worden war, geriet er in Zorn und schickte seine Mörder und befahl ihnen, alle Kinder von zwei Jahren und darunter zu töten *(Mt 2,16)*.

3. Die Legenden

Es gibt viele Legenden über die Heiligen Drei Könige. In fast allen Zeiten und an vielen Orten wurde neu von ihrem Leben erzählt. Am einflussreichsten waren die Texte von Johannes von Hildesheim und die „Legenda aurea".

Johannes von Hildesheim: Historia Trium Regum (Auszug)

Kapitel 2: Die Geschichte der drei Könige hat ihren Anfang bei dem Propheten Bileam. Der Prophet Bileam, ein Priester der Midianiter und Prophet der Heiden, hat das Wort gesagt: „Aufgeht ein Stern aus Jakob, aufsteigt aus Israel ein Schweifstern und zerschmettert Moabs Hänge; zu Boden wirft er alle Söhne Seths."

Kapitel 3: Vom Berge Vaus. Nach ihrem Auszug aus Ägypten unterwarfen die Kinder Israels viele Reiche. Ein Schrecken ergriff weithin alle Länder, kein Volk des Morgenlandes wagte, sich ihnen zu widersetzen. Nun lag im Orient ein Berg, der hieß Vaus, oder Mons Victorialis, Berg des Sieges. Dorthin sandten die Inder Wächter, die Tag und Nacht Ausschau halten sollten nach den Kindern Israels, wie später auch nach den Römern. Wollte ein Feind mit Gewalt in das Land der Inder eindringen, dann warnten die Wächter auf dem Berge Vaus, nachts durch Feuer, tags durch Rauch das ganze Land, denn der Berg Vaus überragt alle andern Berge Indiens und des Orients. So konnten die Völker sich zeitig rüsten.
Da nun Bileam verkündet hatte: „Aufgeht ein Stern aus Jakob, aufsteigt aus Israel ein Schweifstern", ersehnten die Völker im Morgen-

lande die Erfüllung dieses Wortes. Die Ältesten der Inder kamen zu den Wächtern auf den Berg Vaus, gaben ihnen reichlichen Lohn und hießen sie, darauf zu achten, ob sie bei Tag oder Nacht, nah oder fern, am Himmel einen Stern oder ein ungewohntes Licht sähen, das sollten sie ihnen unverzüglich melden. Die Prophezeiung Bileams blieb lange Zeit in allen Ländern des Orients lebendig. Nach dem Berge Vaus sind später in Indien die Edlen von Vaus benannt worden, sie sind bis zum heutigen Tage das edelste und vornehmste Geschlecht des Morgenlandes. Es ist von derselben königlichen Abstammung wie König Melchior, der dem Herrn das Gold schenkte.

Kapitel 4: Von dem Reichtum der Stadt Akkon. Um das Jahr 1200 stand die herrliche Stadt Akkon in hoher Blüte. Viele Edle, Fürsten und Geistliche und mancherlei Volk lebten dort; der Ruhm der Stadt drang durch die ganze Welt. Aus allen Himmelsrichtungen strömten in Akkon Menschen vieler Nationen und Sprachen zusammen und trieben Handel mit wunderbaren und seltenen Waren. Von dem Ruhm Akkons hatten auch die Edlen von Vaus vernommen und zogen aus Indien dorthin. Sie sahen, dass alles noch viel herrlicher und schöner war, als sie in Indien gehört hatten, und ließen sich dort nieder. Sie erbauten eine mächtige Burg von königlicher Pracht und brachten viel edlen Schmuck und seltene Kleinodien aus Indien mit. Das Kostbarste war eine goldene Krone, die mit Gemmen, Edelsteinen und Perlen geziert war. Es waren chaldäische Buchstaben in die Krone eingegraben mit dem Zeichen des Kreuzes und einem Stern, ganz gleich dem Stern, der bei der Geburt des Herrn den drei Königen erschienen war. Die Krone soll Melchior, dem König von Nubien, gehört haben, der dem Herrn das Gold schenkte. Durch diese Krone hat Gott – um der Verdienste der drei Könige willen – Menschen und Tiere von Krankheiten geheilt. Wenn sie einem Kranken, der an fallender Sucht litt, aufs Haupt

gesetzt wurde, stand er auf und ward gesund. Später hat der Orden der Templer die Krone mit manch anderem kostbaren Schmuck erworben. Lange Zeit brachte sie großen Gewinn; wo sie aber nach der Vernichtung des Templerordens verblieb, das hat bis zum heutigen Tage nie ein Mensch erfahren; darüber war überall große Trauer.

Die Fürsten und Herren von Vaus brachten aus Indien Bücher mit, darin in chaldäischer und hebräischer Sprache viel über Leben und Taten der drei Könige geschrieben stand. Die Bücher wurden in Akkon in die Sprache der Franken übertragen und gelangten auch in unsere Länder. Hier besitzen sie einige vornehme Familien noch heute. Aus solchen Büchern und Berichten, aus vielem, was gehört und gesehen wurde, ist diese Erzählung geschrieben. Manches ist aus Reden und Predigten entnommen und hinzugefügt, und all das wurde in diesem einen Büchlein vereinigt.

Alle ältesten Söhne aus dem Stamme Vaus tragen bis heute auf ihren Bannern und Wappen den Stern mit dem Kreuzeszeichen, wie er den drei Königen bei der Geburt des Herrn erschienen war. Es war im Morgenland und in allen Ländern jenseits des Meeres Sitte, in den Feldzügen der Christen gegen die Sarazenen das Zeichen des Kreuzes dem Heer voranzutragen; dann folgte ein zweiter Kriegshaufen, der zu Ehren der drei Könige ein Banner mit dem Stern führte. Lasst uns nun aber zu unserer Erzählung zurückkehren.

Kapitel 5: Die Propheten Jesaja und Daniel prophezeien einen Stern, und die Inder senden zwölf Sternkundige auf den Berg Vaus. Lange Zeit wurde auf dem Berge Vaus nach dem Stern Ausschau gehalten, den Bileam verkündet hatte. Das Geraune von diesem Stern wuchs von Tag zu Tag und erfüllte Inder und Chaldäer mit Sehnsucht.

Schon zur Zeit Ezechias', des Königs von Juda, prophezeite Jesaja die jungfräuliche Geburt des Herrn und sprach: „Siehe, eine Jungfrau wird einen Sohn gebären und ihn Immanuel benennen."
In der Gefangenschaft weissagte auch Daniel von der jungfräulichen Geburt des Herrn. Er sprach im Gleichnis von einem Stein, „der sich aus dem Felsen löste ganz ohne menschliches Zutun", und kündete den Juden: „Wenn der Heilige aller Heiligen kommt, dann wird eure Salbung ein Ende haben."
Nach Gottes Vorsehung hat Bileam als erster Prophet von der Berufung der Heiden gesprochen; diese begann mit der Geburt Christi, und die drei Könige wurden als erste von den Heiden berufen. Wohl waren Chaldäer und Perser Heiden, doch zweifelten sie nicht an den Büchern der Propheten, sondern sie waren überzeugt, dass Gott mächtig genug sei zu tun, was er durch seine Diener verkündet hatte. So suchten sie zwölf weise und würdige Männer im Lande aus und sandten sie auf den Berg Vaus; starb einer von ihnen, trat ein anderer Meister an seine Stelle. Diese zwölf sollten auf dem Berge Vaus nach dem verheißenen Stern ausschauen. Doch nicht allein auf den Stern sollten sie achten, sondern auch, dass sie gewahrten, wann der Mensch geboren werde, dem die Sterne dienen, und der Herr werden sollte über alle Heiden.

Kapitel 6: Der Evangelist Lukas sagt: es ging ein Gebot aus. Als nun die Zeit erfüllt war, dass sich Gott der Sünder erbarmen und seinen eingeborenen Sohn in die Welt senden wollte, geboren von einer Jungfrau, da herrschte Kaiser Octavianus über Rom und die Welt.
Es war im 42. Jahre seiner Regierung, da „erging ein Erlass des Kaisers Augustus, das ganze Land sei aufzunehmen. Dies war die erste Aufzeichnung, die unter dem Statthalter von Syrien, Cyrinus, stattfand. Da gingen alle hin, sich eintragen zu lassen, ein jeglicher in seinen Heimatort. Auch Joseph reiste von Galiläa aus der Stadt Naza-

reth nach Judäa zur Davidstadt mit Namen Betlehem, um sich eintragen zu lassen, weil er aus dem Hause und Geschlechte Davids war. Mit ihm ging Maria, sein anverlobtes Weib, das guter Hoffnung war. Während sie dort verweilten, kam für sie die Zeit der Niederkunft. Und sie gebar ihren erstgeborenen Sohn; sie wickelte ihn in Windeln und legte ihn in eine Krippe, weil sich in der Herberge sonst kein Platz für sie fand.
In derselben Gegend waren Hirten auf dem freien Felde; sie hielten nachts Wache bei ihrer Herde. Da stand der Engel des Herrn vor ihnen, und die Herrlichkeit des Herrn umleuchtete sie. Und sie gerieten in übergroße Furcht. Der Engel aber sprach zu ihnen: '
'Fürchtet euch nicht! Seht, ich verkünde euch eine große Freude, die allem Volk zuteil werden soll: Heute ist euch in der Stadt Davids der Heiland geboren; es ist Christus, der Herr. Und dies soll euch zum Zeichen dienen: Ihr werdet ein Kind finden, das in Windeln eingewickelt ist und in einer Krippe liegt.' Und sogleich war bei dem Engel eine ganze Schar des himmlischen Heeres. Sie lobten Gott und sprachen: 'Ehre ist Gott in der Höhe und Friede auf der Erde den Menschen Seiner Huld.' "
Als nun nach dem Erlass des Kaisers, ein jeglicher, Mann und Frau, in die Stadt reisen musste, wo er geboren war, zogen auch Maria und Joseph nach Betlehem, wo ihre Voreltern gelebt hatten. Langsam kamen sie in der Abenddämmerung heran; alle Herbergen und Unterkünfte waren schon besetzt. Sie zogen durch den ganzen Ort, doch weil sie arm waren, konnten sie nirgends unterkommen. Als die Leute sahen, dass Maria schwanger war, wollte niemand sie beherbergen. Müde von der Reise, stöhnend und seufzend saß sie auf dem Esel. Da führte Joseph sie zu dem alten Stall vor der Höhle. Hier wurde in dieser Nacht von Maria, der reinen Magd, Gott als Mensch geboren, ein Trost aller Welt – in größter Armut, doch ohne Weh und Schmerzen, wie es sich wohl ziemte.

In dem Stall war seit alters eine kleine Krippe, etwa eine Elle lang, in die Wand gemauert. Ein armer Mann hatte hier seinen Ochsen angebunden, den er sonst nicht hatte unterbringen können; dorthin stellte Joseph auch seinen Esel. Maria wickelte ihr Knäblein in ärmliche Windeln und legte es vor dem Ochsen und dem Esel auf das Heu in der Krippe.

Es ist im Morgenlande üblich, dass in solchen Höfen mehrere Krippen sind, aus Lehm oder Stein, etwa drei Fuß lang. So hat jedes Tier seine Krippe für sich. In Ställen, die den Königen, Fürsten oder Herren gehören, haben die Krippen mehrere Geschosse untereinander, so dass jedes Tier seinen eigenen Trog hat. Das Feld, über dem der Engel des Herrn den Hirten in himmlischem Lichte erschien und ihnen die Geburt des Herrn verkündete, liegt eine halbe Meile von Betlehem entfernt. Dort hatte auch David einst seine Schafe gehütet und gegen Bären und Löwen verteidigt.

Kapitel 7: Vom König Herodes. Zu jener Zeit war Herodes vom römischen Kaiser als König von Juda eingesetzt worden, obwohl er kein Jude war. Kaiser Augustus und die Römer hatten Juda und viele andere Länder bis hin zu den Grenzen von Indien, Persien und Chaldäa unter ihre Oberhoheit gebracht. Alle Leute wussten wohl, dass Herodes weder aus königlichem Stamm noch Jude war. So konnte sich jetzt, als der Herr geboren wurde, die Weissagung Daniels erfüllen: „Wenn der Heilige der Heiligen kommt, wird Eure Salbung ein Ende haben."

Kapitel 8: Der erwartete Stern geht auf über dem Berge Vaus. Als nun in Betlehem Christus, Gott und Mensch, geboren wurde, da ließ der allmächtige Gott, der allen denen nahe ist, die ihn wahrhaftig anrufen, jenen Stern aufgehen, den Bileam verkündet hatte. Sehnsüchtig hatten ihn seit langer Zeit die zwölf Sternkundigen auf dem Berge Vaus erwartet. Und es geschah, dass in der gleichen Nacht und zu der gleichen Stunde, in welcher der Herr geboren ward, der Stern über dem Berge Vaus aufging. ... Der Stern sah aber nicht so aus, wie er in unseren Kirchen gemalt wird, sondern es gingen viele lange Strahlen von ihm aus, die wie Fackeln brannten; und wie der Adler mit seinen Schwingen die Luft schlägt, so bewegten sich seine Strahlen. In sich trug er die Gestalt eines Kindleins, darüber das Zeichen des Kreuzes, und eine Stimme sprach aus dem Stern: „Heute ist der Herr geboren, der König der Juden, der die Erwartung der Heiden und ihr Herr ist – geht und suchet ihn und betet ihn an!"

Kapitel 9: Der Stern erscheint den drei Königen, und sie rüsten sich zur Reise. Der allmächtige Gott wollte den Glauben der Heiden festigen und alles Geschehen bestätigen; denn seine Vorsehung irrt nie. Paulus sagt: „Gott ruft das, was nicht ist, ins Dasein." Wie Gott im Alten Bunde der Eselin Bileams eine Stimme gegeben hatte, so gab er in seiner Weisheit zu Beginn des Neuen Bundes dem Stern eine Stimme. Die Menschen in jener Gegend des Orients, die den neuen wundersamen Stern sahen und die Stimme hörten, erschraken und wunderten sich, doch zweifelten sie nicht, dass dies der Stern sei, den Bileam verkündet hatte.

Die drei Könige, die in Indien, Chaldäa und Persien regierten, erhielten sogleich die Kunde von dem Erscheinen des Ster-nes. Voller Freude waren sie, dass es ihnen vergönnt war, in solch gesegneter Zeit sein Aufgehen zu erleben. Die drei Könige wussten nichts voneinander, denn ihre Reiche waren durch viele Meilen getrennt, auch kannten sie sich nicht, dennoch erhielten

sie die Nachricht zu gleicher Zeit. Da rüsteten sie sich, so gut sie es vermochten, mit Geschenken von bedeutungsvollem Sinn, mit herrlichem Schmuck und königlicher Pracht, mit Pferden und Maultieren, mit Kamelen und einem großen Gefolge, um den neugeborenen König aufzusuchen und anzubeten. Sie fühlten, dass dieser König, dem sie huldigen wollten, hoch über ihnen stehe. So statteten sie sich besonders reich und vornehm aus, sie schickten eine große Karawane voraus mit Speise und Trank und allem notwendigen Gerät für sich und ihr Gefolge.

Kapitel 10: Vom Königreich Melchiors. In dem ersten Indien lag das Königreich Nubien. Dort herrschte zur Zeit der Geburt des Herrn König Melchior, der dem Herrn das Gold geschenkt hat. Ihm gehörte auch das Reich Arabien, in dem der Berg Sinai liegt. Arabien grenzt an das Rote Meer, das von Syrien und Ägypten aus leicht zu befahren ist.

Kapitel 11: Von den Reichen der Könige Caspar und Balthasar. In dem zweiten Indien lag das Königreich Godolien, dort herrschte zur Zeit der Geburt des Herrn König Balthasar, der dem Herrn den Weihrauch geschenkt hat. Ihm war auch das alte Königreich Saba untertan. Dort gibt es viele kostbare Gewürze, auch Weihrauch, den man wie Gummi aus Bäumen gewinnt.

In dem dritten Indien lag das Reich Tharsis. Dort herrschte zur Zeit der Geburt des Herrn König Caspar, der dem Herrn die Myrrhe geschenkt hat. Ihm gehörte auch die berühmte Insel Egrisoulla, auf der jetzt der Leichnam des heiligen Thomas ruht. Hier wächst die Myrrhe auf Gräsern, die wie verbrannte Ähren aussehen; wenn sie reif ist, ist sie so weich, dass sie an den Kleidern der vorübergehenden Menschen hängen bleibt. Deshalb zieht man Bänder und Seile durch die Gräser, die Myrrhe bleibt daran hängen und wird wie weiches Wachs abgezogen und zusammengepresst.

Nach Gottes gütiger Vorsehung erhielten die drei Könige ihre Namen nach den Ländern, aus denen die dem Herrn dargebrachten Geschenke stammten, nicht nach ihren großen Reichen. David hat gesagt: „Die Könige von Tharsis und die der Inseln sollen Gaben bringen, Tribut die Könige von Saba und von Seba und alle Könige sollen Ihm huldigen!“ Die Namen der großen Reiche der Könige sind untergegangen.

Kapitel 12: Der Stern geht den Königen voran und führt sie nach Jerusalem. Die drei Könige rüsteten sich – jeder in seinem Reiche – mit aller Pracht und Kostbarkeit und großem Gefolge für die Reise und machten sich auf den Weg. Keiner wusste von dem andern, doch wurde jeder von ihnen auf seinem Wege von dem Stern geführt: er wanderte mit ihnen weiter, wenn sie ritten, er stand mit ihnen still, wenn sie anhielten. Bei Nacht leuchtete er nicht wie ein Stern oder wie der Mond: strahlend hell wie die Sonne stand er über ihrem Wege. Da zu dieser Zeit Friede herrschte auf der ganzen Erde, standen die Stadttore überall Tag und Nacht offen. Die Bewohner der Städte und Dörfer, durch die sie zogen, erschraken und waren voller Verwunderung: denn sie sahen Könige mit großem Gefolge und auf ihrem Wege war es taghell – auch in der Nacht. Niemand wusste, woher sie kamen und wohin sie gingen, am Morgen waren die Wege von den Hufen unzähliger Tiere zerstampft. Von solchem Geschehen sprach man noch lange Zeit.

Die drei ruhmreichen Könige kamen bald in andere Länder und fremde Gegenden. Jeder zog seinen Weg über Flüsse, Wüsten und Berge, durch Ebenen und schreckliche Sümpfe, ohne irgendwelche Hindernisse. Alle schwierigen und steilen Wege wurden vor ihnen leicht und eben. Sie ruhten weder Tag noch Nacht, sie brauchten weder Speise noch Trank, ohne zu essen und ohne zu schlafen kamen sie bis nach Betlehem; es schien ihnen wie ein Tag zu sein! Von Gott und dem

Stern geführt, gelangten sie am dreizehnten Tag nach der Geburt des Herrn bei Sonnenaufgang vor Jerusalem an. Darüber herrscht kein Zweifel. Denn sie fanden in Betlehem Maria und das Jesuskindlein noch in der Höhle, in der es geboren war. Viele Bücher sind voll Verwunderung über eine solch mühelose und schnelle Reise: es wird gesagt, sie seien auf Dromedaren geritten, die besonders schnell laufen, deshalb seien sie in so kurzer Zeit nach Jerusalem und Betlehem gekommen. Doch Gregor sagt in seinen Predigten: „Wenn das göttliche Tun und Wirken mit der Vernunft begriffen werden könnte, dann wäre es nicht wunderbar. Der Glaube hat keinen Lohn, den die menschliche Vernunft beweisen kann."

Kapitel 13 und 14: Gott vermochte die drei Könige in einer Stunde nach Jerusalem zu führen. Gott konnte die drei Könige in einem Augenblick fernher aus dem Morgenland nach Juda führen. Zuerst kam König Melchior mit seinem Gefolge vor Jerusalem auf dem Kalvarienberge an, auf dem später der Herr gekreuzigt wurde. Auf Gottes Geheiß lagerte er hier in Nebel und Dunkelheit. Der Kalvarienberg ist ein hoher Fels, fast zwölf Stufen hoch, hier wurden damals die Verbrecher hingerichtet. In der Nähe liefen drei Straßen zusammen, dort blieb Melchior, weil er im Nebel den rechten Weg nicht wusste. Später erbaute die edle Helena auf dem Kalvarienberg und über dem Grabe des Herrn eine Kirche. Der Priester Johannes und die Fürsten der Nubier ließen eine kleine Kapelle in den harten Felsen hauen und weihten sie zu Ehren Christi und seiner Mutter Maria und zum Gedenken der drei Könige. Sie hieß die „Kapelle der Nubier".

Bald darauf kam Balthasar, der König von Godolien und Saba, mit seinem Gefolge und lagerte nahe dem Ölberg bei einem kleinen Dorf, das Galiläa heißt. Von diesem Dorf ist bei den Evangelisten und in den heiligen Schriften oft die Rede, denn hier trafen sich die

Jünger vor und nach der Auferstehung des Herrn. Aus Furcht vor den Juden kamen sie hier – außerhalb von Jerusalem – heimlich zusammen. Hier ist ihnen der Herr nach seiner Auferstehung öfter erschienen, wie es in der Schrift heißt: „Er wird euch nach Galiläa vorausgehen, dort werdet ihr Ihn sehen."

Kapitel 15: Die Könige treffen sich und ziehen in Jerusalem ein. Als die beiden Könige Melchior und Balthasar hier rasteten, hob sich der Nebel ein wenig, aber der Stern schien nicht. Beide – doch ohne einander zu sehen – zogen etwas weiter, und als sie an die Wegkreuzung gelangten, da gerade kam Caspar, der König von Tharsis und der Insel Egrisoulla, mit seinem Gefolge herauf. An dieser Kreuzung dreier Straßen trafen sich die Könige. Nie zuvor hatten sie sich gesehen, und sie kannten einander nicht. Jetzt aber umarmten und küssten sie sich voller Freude. Obwohl sie verschiedene Sprachen redeten, verstanden sie sich. Jeder erzählte den Anlass zu seiner Reise, und als sie erkannten, dass sie alle drei dasselbe Ziel hatten, wurden sie noch froher und freudiger. In diesem Augenblick zerteilte sich der Nebel völlig, die Sonne ging auf, und die Könige zogen ein in Jerusalem. Sie erfuhren, es sei die Königsstadt, die ihre Vorfahren oft erobert hatten; sie hofften, hier den neugeborenen König zu finden.

Vor solch einem riesigen wohlgerüsteten und unerwarteten Zuge erschraken Herodes und die ganze Stadt, denn das gesamte Gefolge war nun so groß, dass die Mauern die Menge der Menschen und Tiere nicht fassen konnten; der größte Teil musste außerhalb bleiben und lag wie ein Belagerungsheer rings um die Stadt. Es war, wie Isaias gesagt hatte: „Du siehst es und erstrahlst; dein Herz erbebt und regt sich freudig; denn plötzlich strömt zu dir des Meeres Reichtum, und kommen zu dir her der Heidenvölker Schätze. Dann deckt dich der Kamele Schwall, von Midian und Epha junge Tiere. Von Saba kommen sie zu Hauf und künden froh des Herren Ruhmestaten. Dir wer-

den alle Schafe Kedars zugetrieben, und Nabatäas Widder stehen dir zu Diensten."

Kapitel 16: Die Könige sprechen mit dem König Herodes. Als die drei Könige nun in Jerusalem einzogen, fragten sie alle Leute in den Straßen nach dem neugeborenen König der Juden. Der König Herodes, den die Römer eingesetzt hatten, war damals schon ein älterer Mann. Das Evangelium erzählt: „Als Jesus in Betlehem in Judäa geboren war, in den Tagen des Königs Herodes, siehe, da erschienen Weise aus dem Morgenland in Jerusalem. Sie fragten: ‚Wo ist der neugeborene König der Juden? Wir haben Seinen Stern aufleuchten sehen und sind gekommen, um Ihm zu huldigen.' Als der König Herodes dies hörte, geriet er in Erregung und ganz Jerusalem mit ihm. Er ließ alle Oberpriester und Schriftgelehrten des Volkes zusammenkommen und fragte sie aus, wo der Christus geboren werden solle. Sie gaben ihm zur Antwort: ‚Zu Betlehem in Judäa. Denn also steht beim Propheten geschrieben: Und du, Betlehem im Lande Juda, bist keineswegs die geringste unter den Fürstenstädten Judas; denn aus dir wird der Fürst hervorgehen, der Mein Volk Israel regieren soll.' Hiernach beschied Herodes die Weisen heimlich zu sich und suchte von ihnen genau die Zeit der Sternerscheinung zu erfahren. Darauf wies er sie nach Betlehem und sprach: ‚Geht, suchet eifrig nach dem Kinde. Und sobald ihr Es gefunden habt, sagt es mir, damit dann auch ich Ihm dort huldige.' Als sie dies vom Könige vernommen hatten, machten sie sich auf den Weg. Und siehe, der Stern, den sie bei seinem Aufleuchten gesehen hatten, ging vor ihnen her, bis er über dem Orte stillstand, wo das Kind war. Als sie den Stern erblickten, ward ihre Freude übergroß."

Kapitel 18: Die Könige verlassen Jerusalem wieder und begegnen den Hirten. Die Könige hatten von den Schriftgelehrten erfahren, wo

Jesus geboren war, und verließen darauf Jerusalem. Und nun sahen sie den Stern wieder. Er ging vor ihnen her bis nach Betlehem, das zwei kleine Meilen von Jerusalem entfernt liegt. Ihr Weg führte an den Weiden vorbei, wo der Engel den Hirten die Geburt des Herrn verkündet hatte. Als die Hirten die Könige und den Stern erblickten liefen sie eilig herbei und erzählten, dass ihnen in solch strahlendem Himmelslicht ein Engel erschienen sei und ihnen die Geburt des Herrn verkündet habe. Auch berichteten sie alles, was sie in Betlehem gehört und gesehen hatten. Das vernahmen die Könige in froher Bewegung. Sie freuten sich über die Worte und Beteuerungen der Hirten, sie hatten ja auch eine Stimme aus dem Stern gehört und hegten keinerlei Zweifel. Manche Bücher im Orient sagen, die Stimme aus dem Stern sei die Stimme des Engels gewesen, der zu den Hirten gesprochen habe. Einige bekehrte Juden meinen, der Engel, der die Kinder Israels aus Ägypten geleitet, nachts als Feuersäule, tags als Wolke, sei derselbe Engel gewesen, der zu den Königen gesprochen und sie in dem Stern geführt habe.

Während die Könige auf dem Felde mit den Hirten sprachen, erstrahlte der Stern mehr und mehr und stand in lichter Klarheit über ihnen.

Kapitel 19: Die Könige kommen, von dem Stern geführt, nach Betlehem.
Die drei Könige gaben den Hirten reiche Geschenke; dann verabschiedeten sie sich und ritten weiter. Kurz vor Betlehem saßen sie ab, kleideten sich in ihre königlichen Gewänder und legten ihren schönsten Schmuck an. Wiederum ging der Stern vor ihnen her, und je näher sie Betlehem kamen, desto heller erstrahlte sein Licht. Sie

waren in der ersten Stunde von Jerusalem aufgebrochen, in der sechsten Stunde des gleichen Tages kamen sie nach Betlehem. Sie ritten durch die Straße, die „die Bedeckte" hieß, an deren Ende der Stall und die Höhle lag. Und plötzlich blieb der Stern über dem Stalle stehen. Er senkte sich herab zwischen die verfallenen Wände aus Lehm und Stein und leuchtete dort mit unbeschreiblicher Klarheit. Der alte Stall und die Höhle waren voll strahlenden Lichtes. Dann stieg der Stern wieder in die Höhe des Himmels und stand dort unbeweglich. Doch ein wundersamer Glanz verblieb in der Höhle, und „sie traten in das Haus, sahen das Kind mit Maria, Seiner Mutter, fielen nieder und huldigten Ihm. Dann öffneten sie ihre Truhen und brachten Ihm Geschenke dar: Gold, Weihrauch und Myrrhe".

Kapitel 20: Vom Sinn der Gaben der Könige. Fulgentius sagt in seinen Predigten, die drei Geschenke der Könige bedeuten drei Eigenschaften in der einen Person Christi: göttliche Majestät, königliche Macht und menschliche Sterblichkeit. Weihrauch bedeutet Opfer, Gold bedeutet Zins, die Myrrhe gehört zum Begräbnis der Toten; der heilige Glaube opfert dies unablässig, solange er an dem wahren Gott, dem wahren König und dem wahren Menschen festhält.

Kapitel 21: Die heiligen Magier kommen zu Christus und schenken ihm ihre Gaben. An dem Tage, als die drei Könige den Herrn in Betlehem anbeteten und beschenkten, war Jesus ein Kindlein von dreizehn Tagen, und für sein Alter war er ein kräftiges Kind. Er war bis an die Arme in dürftige Windeln gewickelt und lag auf dem Heu in der Krippe. Seine Mutter Maria war von rundlicher Gestalt und hatte ein bräunliches Antlitz, sie trug einen ärmlichen blauen Mantel, den sie über der Brust mit der linken Hand zusammenfasste. Ihr Haupt war in weißes Linnen gehüllt, man sah nur das liebe Angesicht. Sie saß neben der Krippe und hielt mit der Rechten das Haupt des

Kindes ein wenig empor, damit die Herren es sähen. Demütig küssten die Könige den Erdboden vor der Krippe und die zarten Hände des Gottessohnes. Bescheiden brachten sie ihre Gaben dar und legten sie in die Krippe neben das Haupt des Kindleins. Was mit den Gaben später geschah, wird man noch hören.
Melchior, der König von Arabien, der dem Herrn das Gold opferte, war von kleiner Gestalt. Balthasar, der König von Godolien, der dem Herrn den Weihrauch opferte, war von mittlerer Größe. Caspar, der König von Tharsis und der Insel Egrisoulla, der dem Herrn die Myrrhe schenkte, war der Größte unter ihnen; er war ein schwarzer Äthiopier, daran ist kein Zweifel. So sagt auch der Prophet: „Seemächte sollen sich vor Ihm erniedrigen und Seine Feinde Staub auflecken!"
Die Könige und ihre Begleiter waren etwas klein von Gestalt, und das wunderte die Leute. Es war aber ein Beweis, dass sie aus den fernsten Gegenden des Orients und von den Grenzen der Welt kamen. Denn je weiter nach Sonnenaufgang, desto kleiner und zarter sind die Menschen.

Kapitel 22: Von den Gaben der Magier und ihrer Bedeutung. Die Könige hatten viele kostbare Gaben und reichen Schmuck bei sich. Diese Schätze waren durch König Alexander von Makedonien nach Chaldäa, Indien und Persien gekommen; die Königin von Saba hatte sie später in den Tempel Salomos gebracht, und nach der Zerstörung Jerusalems waren die kostbaren Geräte aus dem Königsschloss und dem Tempel von den Chaldäern und Persern geraubt worden. Die Könige brachten nun dieses alte Gold und Silber, diese Gemmen und Perlen und kostbaren Steine aus ihrem Lande nach Betlehem; alles wollten sie dem Herrn schenken.
Sie fanden das Kind in solch großer Armut, wie die Hirten berichtet hatten. In der verfallenen Hütte erstrahlte das Licht des wunderba-

ren Sternes so leuchtend hell, dass sie alle wie im Feuer standen! Von alledem waren sie so verwirrt, dass sie aus ihren offenen Truhen das ergriffen, was ihnen gerade zur Hand kam: König Melchior gab Jesus dreißig goldene Pfennige und einen kleinen goldenen Apfel, den man mit der Hand umfassen konnte, König Balthasar schenkte ihm Weihrauch, König Caspar brachte – mit Tränen in den Augen – ein Gefäß mit Myrrhe. Ein ehrfürchtiger Schreck hatte sie ergriffen, sie erglühten in innigster Andacht, und von allem, was die heilige Maria sprach, beachteten sie nichts. Sie hörten nur, dass sie mit leicht gesenktem Haupte leise sagte: „Gott sei gedankt."

Der goldene Apfel, den Melchior Jesus schenkte, hatte gleichfalls dem großen Alexander gehört. Der Apfel sollte die Welt bedeuten. Alexander hatte ihn aus kleinen Teilen des Zinses aller seiner Provinzen machen lassen und trug ihn immer bei sich. Er umschloss ihn mit seiner Hand, wie er mit seiner Macht die Welt umschloss. Als er aus dem irdischen Paradies zurückkam, hatte er den Apfel in Indien gelassen.

Die Bedeutung der Gaben der drei Könige erklären die Lehrer in vielen Büchern auf verschiedene Weise; warum König Melchior Jesus den Apfel schenkte, darüber gibt es nur eine Meinung: Die Rundung des Apfels bedeutet die Unendlichkeit, denn die Kugel ist ohne Anfang und ohne Ende. Die Kugel ist Sinnbild der Sphäre, des Weltalls, und zugleich Sinnbild der Macht Gottes, welche die Höhe des Himmels, die Tiefe der Hölle und die Grenzen der Welt umschließt. In ihrer Beweglichkeit und Veränderlichkeit ist die Kugel auch ein Sinnbild der Reue der Sünder. Als nun der christliche Glaube erstarkte und wuchs, wurde es – zuerst im Orient – Gebrauch und Sitte, dass Kaiser und Könige als Zeichen ihres Herrschertums goldene Äpfel in der Hand trugen.

Bei den verschiedenen Erklärungen der Gaben der Könige heißt es auch, das Gold solle Maria und dem Kinde aus der Not helfen, der

Weihrauch sei gegen die schlechte Luft im Stall, und die Myrrhe solle die Würmer von dem Kinde fernhalten.

Kapitel 23: In der Hand Christi zerfällt der goldene Apfel. Der allmächtige Gott hat sich zu unserer Schwachheit und Niedrigkeit herabgelassen und ward unseretwegen als der Allerärmste geboren, dennoch bedurfte er solcher Gaben, wie die Könige sie bei sich hatten, nicht, um die Not zu lindern – brauchte er doch nur ein Wort zu sagen, „so geschah es“. Der goldene Apfel des Königs Alexander bedeutete Macht und Hochmut; als Jesus ihn in seine Hand nahm, zerfiel er in Staub und Asche und wurde zu Nichts. Wie der Stein, der sich ohne menschliches Zutun aus dem Berge löste und das furchtbare Bild, das Nebukadnezar im Traume sah, zerstörte und in Staub und Asche verwandelte, so wurde – ohne menschliches Zutun – Christus von einer Jungfrau geboren. Er erniedrigte die Mächtigen und erhöhte die Niedrigen, er hatte in seiner Armut und Niedrigkeit die Macht, den Apfel, der die Welt darstellt, in einem Augenblick zu Nichts zu machen.

Kapitel 24: Die Heimreise der Könige währt zwei Jahre. Als die drei Könige dem Herrn gehuldigt und ihre Gaben dargebracht hatten, empfanden sie und ihr Gefolge wieder Müdigkeit, Hunger und Durst, während sie den weiten Weg von den äußersten Grenzen der Erde ohne jede Speise und Trank und ohne Schlaf zurückgelegt hatten. Jetzt schliefen und aßen sie; den ganzen Tag brachten sie in Ruhe in Betlehem und den benachbarten Orten zu, überall erzählten sie in Demut und Bescheidenheit, wie der Stern sie von fernher so wunderbar geführt hatte. Durch solche Erzählungen erstarkte der Glaube der Heiden, die Juden aber ärgerten sich darüber.
Der Evangelist erzählt: Die Könige empfingen im Traum den Befehl, nicht wieder zu Herodes zurückzukehren. So zogen sie auf einem anderen Wege nach Hause. Nun aber leuchtete ihnen der Stern nicht

mehr. Auf drei verschiedenen Wegen, aus drei verschiedenen Ländern waren die Könige gekommen und hatten sich auf wunderbare Weise getroffen. Jetzt kehrten sie auf einem Wege zurück.

In allen Städten wurden die Könige freundlich aufgenommen, sie erzählten, was sie erlebt hatten und wie wunderbar sie nach Betlehem gereist waren. Es mangelte ihnen nicht an Nahrung für sich und ihr Gefolge, noch an Futter für ihre Tiere; gesund und wohlbehalten kamen sie endlich in ihre Länder und zum Berge Vaus zurück. Aber denselben Weg, den sie von dem Sterne geführt in dreizehn Tagen gemacht hatten, legten sie jetzt mit Hilfe von Führern und Dolmetschern mühsam in zwei Jahren zurück. So unterscheidet sich göttliches und menschliches Tun.

Herodes, die Ältesten und Schriftgelehrten verfolgten die Könige auf ihrem Wege. Überall sprach man Gutes von ihnen, besonders die Bewohner der Stadt Tarsus in Kilikien lobten ihre Freundlichkeit und Güte. Herodes aber beschuldigte die Tarenser, dass sie den Königen geholfen hätten, den Fluss Siler zu überschreiten, zur Strafe verbrannte er ihre Schiffe und zerstörte ihr Land. Auch darum verfolgte Herodes die Könige, weil er erfahren hatte, wie leicht und wunderbar ihre Herreise nach Betlehem durch die Führung des Sternes gewesen war. Die Heiden, durch deren Länder sie gereist waren, die Juden, die verstreut unter den Heiden wohnten, sie alle wussten nicht genug von dieser schnellen Fahrt nach Betlehem zu erzählen. Die Heiden, die von der Geburt des Herrn nichts wussten, nannten die drei Könige wegen dieses unbegreiflichen Wunders Magier, das taten die Juden aus Hass gleichfalls.

Kapitel 26: Die Könige kommen zum Berg Vaus zurück. Als die drei Könige mit all ihrem Gefolge nach zwei Jahren wieder zum Berge Vaus gelangten, ließen sie zu Ehren des neugeborenen Königs der Juden auf dem Berg eine prächtige Kapelle bauen. In der Stadt am Fuß des Berges ruhten sie von den Beschwerden ihrer Reise. Sie gelobten, sich jedes Jahr

einmal mit allen Fürsten und Großen ihrer Reiche hier zu treffen; auch bestimmten sie eine Stätte für ihr Begräbnis, sie wollten nach ihrem Tode alle drei beieinander liegen.
Überall ließen sie in den Tempeln den Stern darstellen, wie er ihnen erschienen war, mit der Gestalt des Kindleins darin und dem Zeichen des Kreuzes. Viele Heiden wandten sich daraufhin von den Götterbildern ab und beteten das Kind an. Von weither kamen sie zum Besuch der Kapelle auf dem Berge Vaus. Die drei Könige lebten nach der Rückkehr in ihre Länder gottesfürchtig und fromm bis zur Zeit nach der Himmelfahrt des Herrn – bis der heilige Thomas zu ihnen kam.

Kapitel 31: Der heilige Thomas predigt in Indien und kommt zu den Königen. Gläubig predigte der heilige Apostel Thomas in Indien das Evangelium, er wanderte durch alle Inseln und Provinzen, und mit dem Kreuzeszeichen trieb er Dämonen aus. Er heilte Seuchen und Krankheiten und tat mit Gottes Hilfe viele Wunder. In manchen Götzentempeln fand er den Stern mit dem Kindlein und dem Kreuz und erfuhr von den Priestern, dass vor langen Jahren die drei Könige den Stern und das Kreuz in den Tempeln aufgerichtet hatten. Auch berichtete man ihm von der wunderbaren Reise und den Erlebnissen der Könige. Das vernahm Thomas voller Freude; er wurde erfüllt vom Heiligen Geiste, mit glühender Seele erzählte er von Jesu Geburt und Kindheit; er suchte ihnen zu erklären, dass Jesus Gott und Mensch sei, er sprach von seinem Leiden, seinem Tod und seiner Auferstehung und wie er, Thomas, in seinem Unglauben den auferstandenen Herrn mit der Hand berührt habe. Durch Gottes Gnade bekehrte er viele der heidnischen Priester zum christlichen Glauben, taufte sie und belehrte sie eindringlich über die Bedeutung des Sternes und des Kreuzes. Dann entfernte er die Götterbilder, die Tempel weihte er zu Ehren des Kindes. In allen Ländern, die Thomas durchwanderte, kamen die Heiden herbei und brachten Schwache und

Kranke und von bösen Geistern Besessene zu ihm. Sie alle heilte und bekehrte und taufte er im Namen des Kindes Christus und mit dem Zeichen des Kreuzes, überall setzte er Priester und Bischöfe ein.

Endlich gelangte Thomas auf Gottes Geheiß in die Reiche der drei Könige. Sie waren inzwischen alt geworden, aber noch gesund und rüstig. Sie lebten voll Erwartung, wie Simeon voller Erwartung gelebt hatte. Schon lange hatten sie darum gebetet, und in ihren Herzen hatten sie auch Antwort erhalten: sie möchten nicht eher sterben, als bis sie die Taufe empfangen und gehört hätten, wie es um das Kind stünde, das sie vor vielen Jahren aufgesucht und angebetet hatten, und was aus ihm geworden sei. Als die Könige nun vernahmen, es sei ein Mann mit Namen Thomas gekommen, der überall von diesem Kinde predige, der von den Wundern erzähle, die es getan, und der im Namen des Kindes und im Zeichen des Kreuzes Kranke heile, da machten sie sich trotz ihres Alters bereit und zogen mit ihren Fürsten und Edlen und vielem Volk zu ihm. Thomas empfing sie mit großer Freude und erzählte ihnen alles, was Jesus – Gott und Mensch – getan und gelehrt hatte. Auch zu ihnen sprach er von Jesu Leiden, seinem Tod und seiner Auferstehung, vor allem sprach er von der Taufe, ohne die niemand in das himmlische Reich kommen könne. Im Namen des Herrn taufte er die Könige und alle ihrigen. Da wurden auch die Könige vom Heiligen Geiste erfüllt, und gemeinsam mit dem Apostel Thomas verkündeten sie Gottes Wort. Sie berichteten, was sie in Betlehem erlebt und gesehen hatten, wie wunderbar der strahlende Stern sie geführt habe, wie sie das Kind angebetet hatten und wie beschwerlich ihre Rückreise gewesen war. Thomas half ihnen bei ihrer Erzählung

und erklärte und erläuterte alles Geschehen, auch den Sinn der drei Gaben, die sie dem Herrn geopfert hatten, deutete er ihnen. Später stiegen die Könige, die Fürsten und alles Volk mit dem Apostel Thomas auf den Berg Vaus. Dort weihte Thomas die Kapelle mit dem Stern und dem Kindlein; dann sagte er ihnen, dass dieses Kind als Mann – mit Hingabe seines Willens an Gottes Willen – ans Kreuz geschlagen worden sei; alles das habe Gott zu unserem Heil beschlossen. Darüber war Dank und Freude bei allem Volk.

Am Fuß des Berges gründeten die Könige eine große, schöne Stadt, die sie Seuwa nannten, sie ist bis zum heutigen Tage die schönste und reichste Stadt in Indien. Dort wohnten fortan der Priester Johannes, der Herrscher der Inder, und Thomas, ihr Patriarch.

Kapitel 32: Der heilige Thomas tauft die drei Könige und weiht sie zu Erzbischöfen. Als alle Menschen in den Königreichen zum christlichen Glauben bekehrt waren, weihte Thomas die drei Könige zu Erzbischöfen; sie selbst erwählten fromme Bischöfe und Priester für ihre Länder und statteten sie reich mit Gütern und Zehnten aus. Alle heidnischen Tempel weihten sie zu Ehren des Herrn und seiner Mutter Maria. Thomas lehrte die Priester das Gebet des Herrn, den Ordo Missae und die Worte, die der Herr bei dem Mahl gesprochen, als er Brot und Wein in sein heiliges Fleisch und Blut verwandelt hatte. Immer wieder wies er sie eindringlich hin auf das Sakrament der Taufe. Dann aber zog Thomas von ihnen fort in das obere Indien, um Gottes Wort zu predigen. Auch hier tat er Wunder und bekehrte viele Menschen; hier starb er den ehrenvollen Märtyrertod. Seitdem haben in diesem Lande alle Menschen, die Thomas gemartert haben, Hundeköpfe, nur sind sie nicht rau behaart; und so sind sie bis zum heutigen Tage.

Nach dem Abschied und dem Tode des heiligen Thomas reisten die drei Könige, die nun Erzbischöfe waren, durch ihre Reiche und Länder, sie erbauten viele Kirchen und setzten überall Bischöfe und Geistliche ein. Endlich zogen sie sich von der eitlen Welt zurück in

ihre Stadt Seuwa. Mit Gottes Hilfe und dem Beistand der Priester leiteten sie die weltlichen und geistlichen Geschäfte ihrer Länder. Ihre Untertanen gehorchten ihnen in aufrichtiger Liebe und sahen in ihnen ihre Väter, nicht ihre Herren. Zwei Jahre vor ihrem seligen Ende riefen sie alle Fürsten, Edlen und Ältesten, alle Bischöfe und Priester zu sich, denn sie fühlten sich nun müde und alt. Sie hatten keine Königinnen und Nebenfrauen, keine Kinder und Erben. Wie sie die ersten Gläubigen unter den Heiden waren, so waren sie auch die ersten Heiden, die das Gelöbnis der Jungfräulichkeit ablegten und es bis zu ihrem Tode treulich einhielten.

So versichern es manche Bücher und deuten uns in ähnlicher Weise die Geschenke der Könige: so sei das Gold ein Zeichen jungfräulicher Würde und Enthaltsamkeit, Weihrauch der jungfräulichen Innigkeit und Ergebung, die Myrrhe das Zeichen der Abtötung und Vergänglichkeit des Fleisches.

Kapitel 33: Die Könige ernennen einen Patriarchen. In dieser Versammlung ihrer Fürsten und Bischöfe, Vornehmen und Geistlichen mahnten die Könige, immerdar fest im Glauben zu beharren, wie der heilige Thomas es geboten hatte. Jetzt gelte es, in Einmütigkeit einen Mann zu wählen, der – treu im Glauben – an Stelle des heiligen Thomas sie in allen geistlichen Fragen leite. Ihm sollten alle Völker wie einem Vater gehorchen. Zu Ehren und zum Gedächtnis des Apostels Thomas solle er für immer und alle Zeit den Namen „Patriarch Thomas" tragen. Immer sollte nach dem Tode eines Patriarchen von allen gemeinsam der Nachfolger gewählt werden. Auch die Einkünfte und Zehnten für ihn setzten die Könige fest. Einträchtig wählten sie Jakobus von Antiochien, einen Fremden, der Thomas hierher gefolgt war, als ersten Patriarchen und gaben ihm den Namen Thomas. Von dieser Zeit an bis zum heutigen Tage gehorchen die Inder dem Patriarchen Thomas, wie wir in unserm Lande dem Papst gehorsam sind.

Kapitel 34: Die Könige setzen den Priester Johannes ein. Die Könige hatten – es wurde schon berichtet – weder Kinder noch Erben, und so war es auch nötig, einen tüchtigen, edlen Mann als weltlichen Herrn zu wählen, der die Führung in ihren Reichen übernahm. Falls einmal böswillige und schlechte Menschen dem Patriarchen und den Bischö-fen nicht gehorchen, sondern sich auflehnen oder vom Glauben abfallen würden, musste eine weltliche Macht sie zur Rechenschaft ziehen. Diese Herrschaft sollte erblich sein, der weltliche Herrscher aber nicht Kaiser oder König genannt werden, sondern immer „Priester Johannes" heißen. Denn niemand ist würdiger

als ein frommer Priester, dem Gewalt gegeben ist, Gerechten und Ungerechten den Himmel zu öffnen oder zu schließen. Wenn der Priester die Arme erhebt oder ausbreitet, beugen Kaiser und Könige, Fürsten und Völker Haupt und Knie. Der Priester Johannes, der Herr der Inder, besaß viele hohe Würden, die in Briefen und Büchern ausdrücklich benannt wurden. In seine Briefe an Könige und Fürsten rollte er Grußzettel ein und setzte zu Anfang ein Segenswort für alle: für Kinder, Knechte, Mägde, Vögel und Tiere, Äcker und Weinberge, Frauen und Nebenfrauen – kurz für alles, was der König, der Fürst oder der Untertan in Haus und Feld besaß. In seinem Siegel und Banner führte der Priester Johannes in einem Kreis von Sternen die segnende Hand Gottes.

Johannes, der Herr der Inder, erhielt seinen Namen zu Ehren der beiden Johannes: des Evangelisten, den der Herr lieber hatte als die anderen Jünger, und zu Ehren Johannes des Täufers, der den Herrn am Jordan taufte und der über jedem Menschen steht, der je von einem Weib geboren wurde.

So also setzten die drei Könige den Patriarchen Thomas und den Priester Johannes für die geistliche und weltliche Herrschaft ein. Könige und Fürsten, Bischöfe und Älteste huldigten ihnen, dann kehrten sie froh und zufrieden in ihre Heimat zurück. Der Priester Johannes und der Patriarch Thomas tragen bis zum heutigen Tage diese Namen.

Kapitel 35: Von dem neuen Stern über der Stadt Seuwa und von dem Tod der drei Könige. Als alles aufs Beste geordnet war, kehrten die drei Könige zurück in die Stadt Seuwa am Fuß des Berges Vaus und lebten hier noch zwei Jahre. Da erschien kurz vor dem Geburtsfest des Herrn ein neuer hell leuchtender Stern über der Stadt; daran erkannten sie, dass ihnen ihr seliges Ende nahe sei und dass sie von Gott in das ewige Leben gerufen würden. Mit einem festlichen Hochamt feierten sie den Geburtstag des Herrn; und acht Tage später, als Melchior, der König von Nubien und Arabien, gerade die heilige Messe gelesen hatte, neigte er vor allem Volke das Haupt und entschlief im Herrn, sanft und ohne Schmerzen, im 116. Jahre seines Lebens. Gemeinsam mit allen Edlen und dem Volk legten die beiden andern Könige ihn ins Grab.

Fünf Tage später, am Epiphaniefest, las Balthasar, der König von Godolien und Saba, die heilige Messe, kurz darauf entschlief er im Herrn, sanft und ohne Schmerzen, im 112. Lebensjahre. König Caspar, die Fürsten und alles Volk legten seinen Leichnam mit Ehrfurcht und Feierlichkeit ins Grab neben König Melchior. Und wiederum nach sechs Tagen starb Caspar, der König von Tharsis und der Insel Egrisoulla, und folgte ihnen zu Gott. Auch er entschlief, nachdem er zuvor die heilige Messe gelesen hatte, ohne Schmerzen, es war im 109. Jahre seines Lebens. Als er von seinen Fürsten und dem Volk mit hohen Ehren neben den beiden Königen ins Grab gelegt wurde, da rückten die beiden, als ob sie lebten, ein wenig zur Seite und nahmen ihn in ihre Mitte. Das geschah vor den Augen aller, die dabei standen. Wie sie im Leben Freude gewesen waren, so waren sie auch im Tode vereint. Der neue Stern, so wird erzählt, stand so lange über der Stadt Seuwa, bis die Gebeine der drei Könige nach Köln gebracht wurden.

Kapitel 36: Die drei Könige tun nach ihrem Tode viele Wunder. Gott hat die drei Könige in ihrem Leben geliebt und nach ihrem Tode hoch geehrt. Wenn irgendwo, nah oder fern, auf dem Lande oder auf dem Meere, Menschen krank oder gefährdet waren, und sie riefen ehrerbietig die Hilfe der drei Könige an, so half ihnen Gott um ihrer Verdienste willen. Daher kamen aus weiter Ferne über Land und Meer viele Menschen zu ihrem Grabe und beteten und priesen Gott voll Lob und Dank. Den Glauben, den die Könige im Leben zusammen mit dem Apostel Thomas voll Innigkeit verkündet hatten, bekräftigten sie nach ihrem Tode durch Zeichen und Wunder, und ihre Körper lagen nicht wie tot, sondern wie schlafend im Grabe.
Lange Zeit blühte der christliche Glaube in allen Ländern und Reichen des Orients, dann aber säte der Feind alles Guten Unkraut unter den Weizen. Ketzerei und Irrlehren verdrängten den katholischen Glauben; die Reliquien der Heiligen wurden vergessen und nicht mehr verehrt; auch die Reiche der drei Könige zerfielen in Hass und wandten sich falschem Glauben zu. Nun zerfielen auch die Leichname der Könige, die bisher unversehrt wie schlafend im Grabe gelegen hatten, in Staub und Asche.
So kam das Unglück über einen großen Teil des Morgenlandes, auch in der Stadt Seuwa. Der Patriarch Thomas und der Priester Johannes wurden des falschen Glaubens nicht mehr Herr. Da nahm jedes Volk die Gebeine seines Königs aus dem gemeinsamen Grabe, keines wollte seinen König unter den Feinden lassen, jedes Volk brachte die Gebeine seines Königs zurück in sein Land. Dort wurden sie mit Hymnen und Ehren empfangen, in der gleichen Weise, wie man vor

langen Jahren die Könige als Lebende empfangen hatte, als sie aus Betlehem zurückkehrten. In kostbaren Särgen wurden ihre Gebeine beigesetzt, und sie ruhten dort – getrennt voneinander – viele Jahre. Lange Zeit litt der Weizen, der Same des Glaubens, große Not und wurde durch das Unkraut, das unter ihn gesät war, zu Boden gedrükkt. Endlich ließ Gott es zu, dass nach solch großen Unwettern der Weizen wieder wachse und blühe.

Um das Jahr 234 wurde Konstantin, der Kaiser des Abendlandes, durch Gottes Gnade von dem heiligen Sylvester zum christlichen Glauben hingeführt, wurde von der Krankheit des Leibes und der Seele, von Heidentum und Abgötterei geheilt und in Leben und Sitten in einen neuen Menschen gewandelt. Um diese Zeit lebte seine Mutter, die edle Helena, unter den Juden und war befleckt von deren Unglauben. Auf wunderbare Weise jedoch wurde sie zum Herrn bekehrt. Darüber lesen wir vieles in den Büchern über die Auffindung des heiligen Kreuzes. So sehr die edle Helena bisher zum Alten Bunde und zum jüdischen Unglauben hingeneigt hatte, so innig entbrannte sie nun für den Neuen Bund und für die Evangelien. Alle durch das Leben des Herrn Jesu geheiligten Stätten hatte Helena früher gehasst, sie für entweiht und verdammt gehalten, voller Andacht und Demut suchte sie diese Orte jetzt auf und beschenkte sie zum Lobe Gottes, den Juden zum Ärgernis.

Durch Gottes Fügung fand sie das Kreuz des Herrn und die Nägel, mit denen man ihn ans Kreuz geschlagen hatte. Auf dem Kalvarienberg, wo Jesus gekreuzigt wurde und am Kreuz seinem Jünger seine Mutter anvertraut hatte, über dem Grab des Herrn, dort, wo die drei Marien gestanden und gesehen hatten, dass der Stein vom Grabe des Herrn fortgewälzt war, und im Garten, wo Jesus Maria als Gärtner erschienen war, ließ Helena eine prächtige Kirche bauen, mit der sie all diese heiligen Stätten umschloss.

Der Priester Johannes und die Nubier ließen in den harten Fels des

Kalvarienberges eine Kapelle hineinmeißeln und weihten sie dem Gedächtnis der drei Könige: in Erinnerung daran, dass hier König Melchior im Nebel gelagert hatte, als er den Herrn suchte. Diese Kapelle der Nubier wurde „Zu den Königen" genannt. Jetzt haben die Sarazenen die Türe vermauert.

Legenda aurea

(Fassung vom Beginn des 20. Jahrhunderts für den 6. Januar):
Drei große Geheimnisse werden uns von der katholischen Kirche heute zur andächtigen Betrachtung vorgestellt, welche sich einst an diesem Tage, doch nicht in dem nämlichen Jahre, zugetragen haben. Das erste ist die Ankunft der Heiligen Drei Könige zu dem neugeborenen Heilande der Welt. Das zweite die Taufe Jesu Christi in dem Flusse Jordan. Das dritte die wunderbare Verwandlung des Wassers in Wein als das erste Wunder, welches Christus auf der Hochzeit zu Kana in Galiläa gewirkt hat. In diesen drei erzählten Begebenheiten hat Christus der Herr am heutigen Tage in mehreren Erscheinungen sich geoffenbart und zwar in der ersten den Heiden durch einen Wunderstern; in der zweiten am Jordan dem heiligen Johannes und einer großen Menge Volkes der Juden, durch eine vom Himmel herabrufende Stimme des himmlischen Vaters und durch Erscheinung des Heiligen Geistes in der Gestalt einer Taube; in der dritten seinen Jüngern durch das erste Wunder, welches er zu Kana gewirkt hat und nach dem Zeugnisse des heiligen Evangeliums seine Jünger bewog, dass sie an ihn glaubten. Deswegen wird das heutige Fest, welches man jederzeit als eines aus den feierlichsten des ganzen Jahres angesehen und in Ehren gehalten hat, das Fest der Erscheinung Christi genannt; das ist ein Fest, an welchem Christus, der Herr, in

Lyon, Kathedrale
Die Heiligen Drei Könige
vor Herodes,
Glasmalerei

dem menschlichen Fleische erschienen ist und sich den Menschen geoffenbart hat. Wegen der ersten Erscheinung, welche den drei Königen als Heiden geschehen, wird es auch das Fest der Heiligen Drei Könige genannt.

Der im Morgenlande neu aufgegangene Stern hatte einen weit größeren Glanz als alle anderen Sterne des Himmels; und Gott, der solchen als einen Verkündiger seiner Ankunft geschickt, hat auch innerlich die Herzen der drei Weisen also erleuchtet, dass sie klar erkannten, der durch die Weissagung des Propheten Balaam verkündigte Messias oder König der Juden sei wirklich angekommen. Diese drei Weisen oder Könige, welche gewöhnlich Kaspar, Melchior und Balthasar genannt werden, machten sich nach geschehener Erscheinung des Sternes ohne Verzug auf den Weg.

Der ihnen erschienene Stern vertrat die Stelle eines Wegweisers so lange, bis sie zur Stadt Jerusalem kamen; denn dort verschwand er auf einmal vor ihren Augen. Die Betrübnis, welche sie deswegen befiel, war nicht gering. Weil sie dennoch glaubten, in Jerusalem, der Hauptstadt des Judenlandes, würde der Ort und Aufenthalt des neugeborenen Königs der Juden ohne Zweifel bekannt sein, so gingen sie ohne Bedenken in die Stadt und fragten ohne Scheu: „Wo ist derjenige, der da geboren ist, ein König der Juden; denn wir haben dessen Stern gesehen im Morgenlande und sind gekommen, ihn anzubeten.“ Die Einwohner der Stadt staunten über eine so unerwartete Frage und wussten nichts zu antworten. Der Ruf von den angekommenen Weisen und ihrer Frage verbreitete sich schnell durch die ganze Stadt und kam auch zu den Ohren des Königs Herodes. Dieser, weil er ohnehin sehr herrschsüchtig war, befürchtete, er könnte durch den neugeborenen König von seinem Throne gestoßen werden. Demnach berief er die Hohenpriester und Schriftgelehrten zusammen und fragte sie, wo denn der Messias sollte geboren werden? Ihre einhellige Antwort war, dass diese Geburt

Saint-Denis, Abteikirche
Zug der Heiligen Drei Könige,
Glasmalerei

nach der Weissagung des Propheten Micha in Betlehem, einer Stadt des Stammes Juda geschehen müsse. Sobald der König solches vernommen hatte, ließ er die drei Weisen zu sich kommen, befragte sie sorgfältig, wann sie den Stern, von dem sie so vieles gesprochen, gesehen, und was für Umstände sich ferner ereignet hätten. Dann sprach er zu ihnen: „Gehet nach Betlehem und forschet fleißig nach, bis ihr erfahrt, wo das neugeborne Kind ist. Wenn ihr es gefunden habt, so zeiget es mir an, damit auch ich hingehe, es anzubeten." Dieses sprach der arglistige König nicht mit dem Vorsatze, den neugeborenen König in Wahrheit anzubeten, sondern denselben heimlich aus dem Wege zu räumen und sein Reich zu befestigen.

Indessen waren die drei Weisen durch das, was der König ihnen gesagt hatte, ganz befriedigt und begaben sich von Jerusalem hinweg nach Betlehem. Kaum hatten sie die Stadt verlassen, da zeigte sich wieder ihr himmlischer Wegweiser, der Stern, den sie im Morgenlande gesehen hatten, und schwebte vor ihnen her bis an den Ort, wo der neugeborene König war. Die Freude, welche sie darüber empfanden, lässt sich mit Worten nicht beschreiben. Wer kann aber begreifen, wie sehr sich diese Freude mehrte, als sie sich wirklich an demjenigen Orte sahen, wo der so eifrig von ihnen gesuchte, neugeborne König war? Dies zeigte ihnen der Stern an, der über der Krippenhöhle still stand. Die drei Weisen gingen mit unaussprechlicher Freude in den armen Stall hinein und sahen dort auf dem Schoße der jungfräulichen Mutter das göttliche Kind, welches seine Augen ganz liebreich auf sie richtete. In dem Augenblicke wurden sie innerlich von Gott erleuchtet und gänzlich überzeugt, dass dieses Kind derjenige große König, ja der eingeborne Sohn Gottes sei, der zur Erlösung der Menschen auf die Welt gekommen war. Demnach fielen sie wieder auf die Erde, beteten ihn mit gebeugten Knien und tiefster

Ehrerbietung an als ihren Herrn und Gott, öffneten ihre mitgebrachten Schätze und opferten ihm dreifache Gaben, nämlich Gold, Weihrauch und Myrrhen; Gold, um zu bezeugen, dass er ein wahrer König; die Myrrhen, um anzudeuten, dass er ein wahren Mensch; den Weihrauch aber, um zu bekennen, dass er wahrer Gott sei. Der von ihnen so andächtig verehrte und angebetete Heiland der Welt wird die ihm erwiesene Ehre und überreichten Schenkungen reichlich durch innerlichen Seelentrost vergolten haben.
Nachdem nun die drei Weisen ihrer Andacht vollkommen Genüge geleistet hatten, gedachten sie ihren Rückzug durch Jerusalem zu nehmen, wie es Herodes verlangt hatte. Es erschien ihnen aber ein Engel des Herrn im Schlafe und ermahnte sie, sich nicht wieder zu diesem Könige zu begeben, sondern einen andern Weg zurück in ihre Länder zu nehmen. Dieser Ermahnung gehorchten sie und kehrten durch andere, obwohl beschwerlichere Wege wieder dahin zurück, wo sie hergekommen waren. Durch den heiligen Apostel Thomas wurden sie getauft, später zu Priestern und Bischöfen geweiht und bekehrten sehr viele zum christlichen Glauben. Ihre heiligen Leiber werden im Dome zu Köln verehrt.

Saint-Denis, Abteikirche
Anbetung des Kindes,
Glasmalerei

Zur Interpretation von Bibel und Legenden

1. Der biblische Befund

Basis allen Dreikönigskultes ist der Bericht im Matthäus-Evangelium 2,1-12: Aus dem Land der aufgehenden Sonne kommen Magier nach Jerusalem, um den „neugeborenen König der Juden" zu suchen und anzubeten. Weil sie seinen Stern haben aufgehen sehen, sind sie gekommen.

Als der regierende König der Juden, Herodes, von den Magiern und ihren Absichten erfährt, ruft er den Kronrat zusammen und fragt, wo der Messias geboren werden soll. Unter Hinweis auf Micha 5,1: „Aber du, Betlehem-Efrata, so klein unter den Gauen Judas, aus dir wird einer hervorgehen, der über Israel herrschen soll. Sein Ursprung liegt in ferner Vorzeit, in längst vergangenen Tagen", antworten die Schriftgelehrten und Priester. Das Matthäus-Evangelium bildet diese Aussage aus Micha 5,1 und 2 Sam 5,2 nach. Herodes forscht die Magier heimlich aus, und er schickt sie nach Betlehem mit dem Auftrag, ihm den Fundort des Messias zu melden, damit auch er das Kind anbeten könne. Der Stern zieht vor den Magiern her und bleibt in Betlehem über dem Ort stehen, wo sich das Kind befindet. Die Magier huldigen dem Kind, beschenken es und ziehen auf einem anderen Weg zurück in ihre Heimat – ohne mit Herodes wieder Kontakt aufzunehmen.

Diese biblische Erzählung hat zwei Teile. Der erste spielt in Jerusalem (1–8), der zweite in Betlehem (9–12). Beide Teile werden durch die Wanderschaft und die Ankunft der Magier eingeleitet. Verbunden sind beide Teile durch den Stern (2,9) und die geplante bzw. vollzogene Huldigung (1,11), in Spannung gesetzt durch König Herodes (8). Gespannte Verhältnisse gibt es in dieser Erzählung gleich zweifach: zwischen dem Messias (2) und Herodes (3) und zwischen den Magiern und Herodes, dessen eigentliche Absicht, den Aufenthaltsort des Messias zu erfahren, um ihn dann zu töten, hier durchscheint.

Drei Heilige Könige
Tilmann van der Burch
Köln, um 1500

Der Evangelist Matthäus hinterleuchtet seine Magiererzählung durch drei tradierte Motive: Der Aufgang des Sterns und die Völkerwallfahrt zum Sionsberg sind alttestamentlich fundiert; die Erzählung vom bedrohten Königskind findet sich in der Antike (z. B. Kyros, Romulus und Remus, Augustus, Nero usw.) und drang auch in die jüdische Vorstellungswelt ein.

Die wie beiläufig dastehende Erklärung, das Ganze habe sich in „Betlehem in Judäa" (2,1) abgespielt, scheint weniger zum Zweck der Unterscheidung von dem gleichnamigen Ort im Gebiet Sebulon dort zu stehen. Der in Mt 1,1 als „Sohn Abrahams" bezeichnete Messias wird in dem Ort geboren, den die Schriftgelehrten des Herodes als Geburtsort des Messias bezeichnen (2,5.6).

Die bei Matthäus als „magoi" Bezeichneten erschienen den zeitgenössischen Juden als schillernd und ambivalent: Einerseits galten sie als Zauberer, Wahrsager, Hexer, Gaukler und Betrüger, andererseits als gelehrte Priester, die sich auf Stern- und Traumdeuterei verstanden. Das Alte Testament kannte magoi vorwiegend als Ratgeber feindlicher Fürsten, aber Jahwe konnte sie auch in seinen Dienst stellen, wie die Erzählung von Bileam zeigt (vgl. Num 22,5–24,25), in der sich ein Esel klüger als sein Herr erweist. Der Herkunftshinweis „aus dem Osten" oder „aus dem Morgenland", genauer „von den [Sonnen-]Aufgängen", lässt in der Schwebe, woher die Magier kamen: aus Arabien, Persien oder Babylon. Für Arabien sprechen die Geschenke Weihrauch und Myrrhe, für Persien und Babylon, dass es dort ebenjene sternenkundigen Priester gab. Die Fachwelt neigt heute eher zu einer Herkunft aus Babylon, weil dort die messianische Hoffnung Israels durch das Exil der Juden bekannt war.

Die Magier suchen nach dem „König der Juden"; so wird Jesus nur noch während der Passion bezeichnet, und wiederum von Heiden, nämlich von Pilatus, den römischen Soldaten und dem von ihnen hergestellten Kreuzestitel „INRI" (= Jesus von Nazareth, König der Juden). Die Bezeichnung „Jude" war unter Juden nicht gebräuchlich. Von den Magiern wird der Titel „König der Juden" benutzt, um aus heidnischer Sicht die umfassende messianische Hoffnung der Israeliten zu kennzeichnen.

Den Magiern war der Aufgang des Sterns des Messias Grund zu ihrer Reise nach Jerusalem. Der neue Stern, den die Magier deuten, mag zunächst für das Denken der Antike stehen, die glaubte, dass für jeden Menschen bei seiner Geburt ein Stern aufgeht, der mit dem Tod dieses Menschen auch wieder verlöscht. Hintergrundfolie für diese Textpassage (Mt 2,2b) dürfte aber eher noch die uralte Weissagung Bileams sein: „Ich sehe ihn, aber nicht jetzt, ich erblicke ihn, aber nicht in der Nähe: Ein Stern geht in Jakob auf, ein Zepter erhebt sich in Israel" (Num 24,17). Mag sich die Prophetie Bileams in seiner Zeit auf David bezogen haben, galt sie in der Zeit Jesu für den Messias.

Johannes Kepler, kaiserlicher Hofastronom (geboren am 6. Januar 1571), berechnete die Sternenkonstellation zur Zeit um Christi Geburt.

Während die Kirchenväter den Stern von Betlehem als Wunderstern deuteten, Ignatius eher als einen realen, Chrysostomus dagegen als irrealen Stern, hat die Neuzeit die Realität eines solchen Phänomens beweisen wollen. Johannes Kepler (1571–1630) berechnete zuerst, dass etwa 7–6 vor Christus eine Konjunktion der Planeten, Jupiter, Saturn und Mars stattfand. Er vermutete aber, dass noch ein weiterer Stern hinzugekommen sein muss, der lange Zeit hell leuchtete. Der Beweis hierzu wurde im 19. Jahrhundert gefunden: Chinesische Schriften nennen einen solchen Stern für das Jahr 4 vor Christus. Neben den inzwischen verworfenen Theorien von einem Kometen oder einer Supernova gilt heute die Planetenkonjunktion in Verbindung mit einem zeitweise sichtbaren neuen Stern als wahrscheinlich.

In Vers 3 wird Herodes als Gegenspieler des Messias eingeführt. Der 40 vor Christus von Rom als König eingesetzte Herodes galt als skrupelloser Machtmensch, der zum Erhalt seiner Herrschaft jedes Mittel einzusetzen bereit war. Der Hinweis, „ganz Jerusalem" habe sich mit Herodes geängstigt, hat seine Berechtigung wohl kaum in der Sympathie des Volkes mit dem ungeliebten König. Eher klingt in dieser einmütigen Feindschaft des jüdischen Volkes bei der Geburt des Messias dessen spätere Ablehnung schon mit. Eine gewisse Komik besteht darin, dass die jüdische Ablehnung des Messias nur Sinn macht, wenn man zuvor die von heidnischen Magiern vermittelte Botschaft des Sterns glaubt. Dieser Textpassage ist das primär theologische Interesse anzumerken: Nicht die Historie, sondern theologische Deutung lenkt den Autor.

Alle Hohepriester und Schriftgelehrten werden durch Herodes befragt, wo der Messias geboren werden soll. Der Kontrahent des Messias befragt also jene, die bis zum Lebensende Jesu seine Gegner und Verfolger bleiben werden. Und ausgerechnet aus ihrem Mund kommt die richtige Antwort: Betlehem. In der Wissenschaft ist heute umstritten, ob Betlehem historisch der wirkliche Geburtsort Jesu ist oder ob er aus theologischen Gründen (= Stadt Davids, Lk 2,4) hier genannt wird.

Herodes befragt die Magier heimlich – wohl weniger, um diese zu schützen, sondern eher um sich allein Erkenntnisse zu verschaffen. Hinzu kommt sicherlich die Abneigung der Schriftgelehrten, sich mit Magie und Astrologie zu beschäftigen.

Mit der zweiten Erwähnung des Sterns geht sein Bedeutungswandel einher: Er wird nun zum Leitstern und führt die Magier durch die Nacht zum Geburtsort Jesu, einem Haus in Betlehem. Da die Magier durch Herodes wussten, wohin sie ihr Weg führen musste, war das Weggeleit des Sterns eigentlich überflüssig. Aber der Stern versinnbildlicht Gottes Führung. Der Stillstand des Sterns über dem Geburtsort Jesu spiegelt sich wider im Ewigen Licht beim Tabernakel. Und die göttliche Sternenführerschaft hat ein im ursprünglichen Wortsinn leuchtendes Vorbild in der Feuersäule (z. B. Ex 13,21), die dem pilgernden Gottesvolk in der Wüste vorauszieht.

In der Erzählung von den Magiern in Betlehem kommt der Pflegevater Jesu, Joseph, nicht einmal am Rande vor, wohin ihn jahr-

König Herodes aus dem Albani-Kodex

hundertelang die Künstler in Bild und Plastik verbannten. Dass die Magier nur „das Kind und seine Mutter" vorfinden, hat wieder theologische Gründe: Gottesherrschaft und Jungfrauengeburt lassen sich so thematisieren und geben Grund zu „sehr großer Freude" und zur Prostration (in der Liturgie später: Proskynesis, der Kniebeuge), dem körperlichen Ausdruck der völligen Unterwerfung durch das sich Niederwerfen und die Berührung des Bodens mit der Stirn. Indem sich der Mensch „in den Staub" wirft, sich der Erde angleicht, seine Größe auf ein Fast-Nichts reduziert, anerkennt er die Übermächtigkeit Gottes.

Die kostbaren Schätze der Magier haben seit je die Phantasie beflügelt. Gold galt natürlich schon in der Antike als grenzüberschreitendes Zahlungsmittel jenseits von nationalen Währungen. Dieses Edelmetall war nur den Reichen und Mächtigen verfügbar, geradezu Erkennungszeichen für weltliche Herrschaft. Weihrauch, der auch heute noch überwiegend vom Süden der arabischen Halbinsel kommt, vor allem aus dem Jemen, das mit dem antiken Saba identifiziert wird, besteht aus dem getrockneten Harz des Saftes des Myrrhenbaums (Commiphora abyssinica). Es wird als Parfüm und Räuchermittel genutzt.

Die allegorische Auslegung dieser drei Geschenke taucht bereits bei Origenes (um 185–254) auf: Gold stehe für die Königswürde, Weihrauch für die Gottheit, Myrrhe für den Tod. Aus der Dreizahl der Geschenke schlossen die Menschen außerdem auf die Dreizahl der Magier.

rechts:
Miniatur zur Sext
Die Heiligen Drei Könige beten das Kind an
Stundenbuch nach römischen Brauch, Marienoffizium

Die bibelkundigen Christen der Frühzeit lasen die Angaben des Matthäus-Evangeliums auf der alttestamentlichen Hintergrundfolie. Dabei

Die drei Gaben der Magier:
Gold, Weihrauch und Myrrhe
Pariser Stundenbuch
(Ausschnitte)
1430–1440

erinnerten sie sich besonders zweier Textpassagen, die sich auf den Messias beziehen: „Alle von Saba kommen, Gold und Weihrauch tragen sie und verkünden die Ruhmestaten Jahwes“ (Is 60,6) und „Die Könige von Tarsis und die Inseln sollen Geschenke bringen, die Könige von Scheba und Saba Tribut entrichten. Ja, ihm sollen huldigen alle Könige, alle Völker ihm dienen“ (Ps 72,10f). Vor allem von der letzten Textpassage wird vermutet, dass sie der Auslöser für die Umdeutung der Magier in Könige gewesen sei.

Im Traum nehmen die Magier wahr, dass Gott ihnen gebietet, nicht mehr zu Herodes zurückzukehren (Mt 12). Sie reisen auf anderem Weg nach Hause. Dank der dadurch entstandenen zeitlichen Verzögerug der Mord-Aktion des Herodes gegen die Neugeborenen, von der Matthäus berichtet (Mt 2,16–18), kann die Heilige Familie nach Ägypten fliehen (Mt 2,13–15). Gottes Sohn, so will die Heilige Schrift verstanden werden, kommt nicht nur als hilfloses und zuwendungsbedürftiges Kind in diese Welt und zu uns, indem sich Gott in der Gestalt seiner Schöpfung vergegenwärtigt und zugleich erniedrigt – Gott muss sich auch schon kurz nach seiner Geburt mörderischer Verfolgung entziehen.

Die biblische Erzählung von den drei Magiern (auch: Dreikönigsperikope) hat eine zentrale christologische Botschaft: Der Messias wird als das Heil aller Völker vorgestellt, der zu dem geworden ist, was wir sind. Sein Weg führt in Abhängigkeit, Armut und – vermeintliche – Machtlosigkeit. Der Sohn Gottes kam in sein Eigentum, aber die Seinen haben ihn nicht erkannt. Nicht die jüdische Oberschicht anerkennt den Messias, sondern nur die Hirten, als Vertreter der jüdischen Unterschicht, nehmen seine Geburt staunend war. Nichtjuden, Heiden kommen aus der Ferne, um Gottes Sohn anzubeten. In ihnen spiegeln sich die Christen, die sich im Laufe von Jahrhunderten zu Jesus Christus bekennen. In der Pilgerschaft zu Christus hin zeigt sich bildhaft christliches Leben als lebenslange Pilgerschaft hin zu Gott. Die Wallfahrt als Symbol der

Paris, Notre-Dame,
Reliefs
a) Kindermord
b) Flucht aus Ägypten

Heinrich Vogeler
Verkündigung an die Hirten
1902

lebenslangen Christusnachfolge findet in den Drei Königen ihre ersten und wichtigsten Patrone.
Die Dreikönigsperikope kann bloß historisch betrachtet werden, verlangt aber nach theologischer Deutung. Tragendes Element des Textes ist das Weggeleit des Sterns. Bereits Chrysostomus (um 354–407) hat eine ganz spezielle Deutung des Sterns von Betlehem vorgeschlagen, als er schrieb: „Der Stern blieb nicht in der Höhe und zeigte von da aus den Ort, sonst hätten ihn ja die Magier auch gar nicht erkennen können. Nein, er kam zu diesem Zweck herab in die Tiefe... Siehst du, ... dass dies kein gewöhnlicher Stern war, und dass er sich nicht den Gesetzen der sichtbaren Schöpfung unterworfen zeigte?"

2. Der legendarische und literarische Befund

Goethe, der es ja wissen muss, schrieb fasziniert am 22. Oktober 1819 an seinen Freund Sulpiz Boisserée: „Mag es sein, dass die Überraschung dieses Fundes mich dafür einnimmt; Geschichte, Überlieferung, Mögliches, Unwahrscheinliches, Fabelhaftes mit Natürlichem, Wahrscheinlichem, Wirklichem bis zur letzten und individuellsten Schilderung zusammengeschmolzen, entwaffnet wie ein Märchen alle Kritik. Genug, ich meine nicht, dass irgend etwas Anmuthigeres und Zierlicheres dieser Art mir in die Hände gekommen wäre. ... Ich wüsste kein Volksbuch, neben dem dieses Büchlein nicht stehen könnte." Und, er wäre nicht der große Goethe, hätte er nicht gleich die Publikumswirksamkeit des Stoffes gesehen: „Drei ernste Könige mit Gefolg' und Schätzen nach Belieben, herrliche Mutter und Kind mit ärmlicher Umgebung, fromme tüchtige Ritter, elftausend hübsche Mädchen – das ist doch ein Element, worin der Künstler sich ergehen und fromm mit den Fröhlichen sein kann."
Abgesehen von den elftausend hübschen Mädchen, die ein Schmeckklecker wie der Herr von Goethe natürlich nicht außen vor

Juan Bautista Maino,
Die Anbetung der Könige,
(Ausschnitt)
Öl auf Leinwand,
Prado, Madrid

lassen konnte, bezog er sich auf die Dreikönigslegende „Historia Trium Regum“ des Johannes von Hildesheim (siehe Kapitel „Quellen“). 1364 zur 200-Jahr-Feier der Translation der Heiligen Drei Könige nach Köln auf Anregung von Bischof Florentius von Wevelinghoven erschienen, prägte diese phantasievolle, detailreiche und ausschweifend erzählende Legende das ganze Mittelalter. Sie wiederum wurde der „Legenda aurea“ zum Vorbild, die in der zweiten Hälfte des 13. Jahrhunderts der Dominikaner Jacobus de Voragine, späterer Erzbischof von Genua, zuerst lateinisch abfasste. Sie ordnete die Heiligen nach dem Kirchenjahr ein und prägte das legendarische Wissen der Katholiken bis in das 20. Jahrhundert.
Johannes von Hildesheim erweitert in seiner Dreikönigsgeschichte die bekannten legendarischen Elemente um geographische und historische Angaben aus zum Teil phantastischen Pilger- und Reiseberichten. Die Magier, Könige in drei verschiedenen Indien, kannten sich nicht, als sie durch einen Stern nach Jerusalem geführt wurden. Hier trafen sie erst aufeinander und zogen gemeinsam nach Betlehem. Es geschah, was die Bibel berichtet. Dann aber gerät Johannes von Hildesheim ins Fabulieren. Die Könige zogen nach Hause, werden später vom Apostel Thomas getauft und zu Erzbischöfen geweiht und sterben kurz hintereinander: Melchior mit 116 Jahren, Balthasar im 112. Lebensjahr und Caspar im Alter von 109 Jahren. Helena findet später ihre Reliquien in Jerusalem und bringt sie nach Konstantinopel, von wo sie den Weg nach Mailand finden.
Verbunden ist die phantasievolle Erzählung des Karmeliters mit den im Mittelalter vagabundierenden Ideen eines „Priester Johannes“ und der „Thomas-Christen“ in Indien.
Unter Fortlassung der beiden letztgenannten Motive und unter Abstrichen anderer Übertreibungen des Johannes von Hildesheim arbeitet die „Legenda aurea“, die – zumindest als literarisches Konzentrat – noch heute erzählt wird.
Origenes (ca. 185–255) spricht erstmals von der Dreizahl der Ma-

Die Anbetung der Könige
Domenico Ghirlandaio
Tempera auf Holz
Florenz, 1487

gier, deren Zahl er an der Zahl der Geschenke abliest. Unter Hinweis auf Ps 72,10 und Is 60,3 nennt Tertullian (ca. 160–225) die Magier „Könige". Als im 6. Jahrhundert eine alexandrinische Schrift ins Lateinische übersetzt wird, tauchen erstmals die Namen Bithisarea, Melichior und Gathaspa auf. Im griechischen Sprachraum wird daraus: Galgalat, Magalat und Sacharin, im hebräischen Sprachraum angeblich: Appelius, Amarius und Damascus. Die Namen Kaspar, Melchior und Balthasar tauchen im 6. Jahrhundert auf italienischen Mosaiken auf und sind seit dem 9. Jahrhundert Allgemeingut.
Im 13. Jahrhundert gilt Balthasar als „Niger", später Kaspar als „Mohr". Seit dem 14. Jahrhundert ist Melchior überwiegend der Mohrenkönig – allerdings scheint sich die Christenheit in dieser Frage nicht völlig einig zu sein.
Wenn die Festlegung der Magier oder Könige auf die Zahl Drei bereits ab dem 3. Jahrhundert erfolgte, haben nicht nur Katakomben und Sargreliefs andere Zahlen genannt. Auch der Kölner Dreikönigenschrein zeigt einen vierten König, der sich respektvoll hinter den Heiligen Drei Königen hält. In der Literatur wird der Vierte König zu einem eigenen Genre, zu einer Person, die den Heiligen Drei Königen nacheifert, aber dem Leser als Vorbild vorgestellt wird, wie er selber sein soll, wenn er das Beispiel dieser Figur umsetzen möchte. Bleibt die noch recht unerforschte italienische Dreikönigshexe Befana (verballhornt von „Epiphanie"), manchmal ergänzt durch einen Befano, nur sehr oberflächlich auf der Suche nach dem Christkind und beschenkt – vorsichtshalber – jedes brave Kind, denn es könnte ja das Christkind sein, so geraten andere vierte Könige viel tiefsinniger, selbst wenn sie, wie bei Borchert, verfremdet werden.

Das literarische Motiv eines vierten Königs nimmt den Leser und Hörer der Jetzt-Zeit in die Geschichte hinein und fragt: Wie hättest du dich verhalten? Lässt du dich von einem Stern führen und –

wenn ja – von welchem und wohin? Und die Legende fragt: Was investierst du an Mühe und Zeit, den Erlöser zu erkennen? Erkennst du ihn auch, wenn er nicht deinem selbstgemachten Klischee entspricht?

Die Legenden haben eine kaum zu überschätzende Wirkungsgeschichte. Die Verehrung der Heiligen in Köln und andernorts, das gesamte Brauchtum bis hin zum bereits im Mittelalter verweltlichten Bohnenkönig sind Folgen der Legenden, die Voraussetzung der Bräuche waren. Ob Patron der Kaiser und Könige oder Namen von Hospizen – die Heiligen Drei Könige sind tief in den Alltag der Menschen eingedrungen und in unübersehbarer Weise prägend geworden.

Anbetung der
Heiligen Drei Könige
Alabasterrelief
südliche Niederlande
um 1450

Über symbolische Geschenke: Gold, Weihrauch und Myrrhe

Die Christus huldigenden Magier sind ikonographisch typisiert in dem aus der Antike bekannten Zeremoniell des „aurum coronarium", der Goldkranzspende. Dabei überreicht in der Regel ein Barbar dem Triumphator einen goldenen Siegeskranz, Gaben oder Geld als Geschenk zu dessen Anfertigung. Die Gabe von *Gold* ist eine symbolische Handlung: Gottes Sohn wird durch das Kostbarste geehrt, was die Erde bietet. Die Propheten – so interpretieren die Christen – beschreiben schon vorausschauend die messianische Endzeit, indem sie die Heiden mit Gaben und Schätzen in das Reich Gottes ziehen sehen: vgl. Jes 60,3 und Ps 72,10. Die Kirchenväter sehen die erste, symbolische Erfüllung dieser Weissagung in den Gaben der Magier an den neugeborenen Messiaskönig: „Die Weisen bringen Gold, Weihrauch und Myrrhe dar. Gold gebührt dem König [...] Die Weisen verkünden also den, den sie anbeten, auch mit geheimnisvollen Geschenken: durch das Gold den König. Auch wir opfern dem neugeborenen Herrn Gold, indem wir ihn als den König des Weltalls anerkennen" (Gregor d. Gr., Hom. 10 in Ev.). Die erste Goldgabe der Magier korrespondiert mit dem siegreichen Messias der Apokalypse: Sein Haupt ziert eine goldene Krone (Offb 14,14), 24 Älteste beten ihn an und legen ihre Kronen vor den Thron und dem Lamm nieder und opfern Räucherwerk in goldenen Schalen (Offb 4,10; 5,8).

Myrrhe
(Balsamodendron myrrha)
diente bereits in der Antike kosmetischen und medizinischen Zwecken

Myrrhe ist ein bitter schmeckender, wohlriechender Saft, der aus der Rinde einer Art des Balsambaumes sickert. Beim Trocknen kristallisiert er in Form durchsichtiger Körner von weißlicher bis roter Farbe, die beim Verbrennen Duft erzeugen und als Räucherwerk dienen. In der Antike war Myrrhe sowohl als kosmetisches als auch als medizinisches Mittel sehr beliebt. Der Jesus vor seiner Kreuzigung angebotene Myrrhe-Wein (vgl. Mk 15,23) war ein Betäubungsmittel. Myrrhe war zugleich aber auch für die Einbalsamierung notwendig. Nach mosaischem Gesetz war die Myrrhe auch Hauptbestandteil

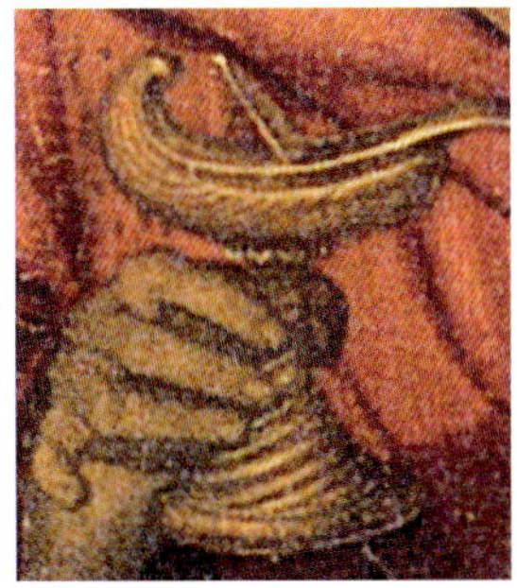

Johann Friedrich Overbeck
Anbetung der
Heiligen Drei Könige
18. Jahrhundert
(Ausschnitte)

eines heiligen Salböls (Ex 30,22–33). In der Hl. Schrift wird die Myrrhe mehrfach erwähnt, im Hohenlied allein siebenmal (Hld 1, 12; 3,6; 4,6. 14; 5,1.5.13), oft in Verbindung mit anderen Wohlgerüchen (Sir 24,20). Unabhängig von der Bedeutung der Myrrhe besteht ihre Zeichenhaftigkeit in ihrer Bitterkeit und ihrer heilenden Wirkung körperlicher Leiden sowie ihrer Wirkung bei der Leichenkonservierung. In der Heiligen Schrift steht sie in Verbindung mit der menschlichen Natur und dem Tode Christi, angedeutet durch die Myrrhe der Magier (Mt 2,11), durch den Myrrhenberg (gedeutet als Golgotha) des Hohenliedes (Hld 4,6) und durch das Myrrhenbüschlein am Busen der Braut (Hld 1,12), das ihr Gedächtnis an Christi Leiden symbolisiert. Das Gedenken des Leidens Christi gibt Kraft zur Entsagung und Askese. Abtötung bewahrt vor der Fäulnis des Lasters, wie Myrrhe den Leichnam vor Verwesung schützt. Gregor von Nyssa erläutert diese Symbolik anhand eines Verses aus dem Hohenlied 3,6: „Wer ist sie, die da aus der Steppe heraufsteigt in Säulen von Rauch, umwölkt von Myrrhe und Weihrauch, von allen Wohlgerüchen der Händler?“ ... „Myrrhe ist erforderlich zur Einbalsamierung von Leichen. Weihrauch aber ist in gewissem Sinn der Ehre Gottes geweiht. Wer sich also in dem göttlichen Dienst hingeben will, wird nicht anders ein gottgeopferter Weihrauch sein, als wenn er zuerst Myrrhe wird, dass heißt, seine Glieder hier auf Erden abtötet, mitbegraben mit dem, der für uns den Tod erduldet, und jene Myrrhe, die bei der Bestattung des Herrn gebraucht wurde, an seinem eigenen Fleisch zur Tötung der Begierden anwendet" (In Cant. Hom. VI; PG 44, 897).

Weihrauch besteht aus dem Harz zweier Arten des Boswelliabaumes, das kristallisiert – als gelblich, schwach durchsichtige Körner – verbrannt wird. Weihrauch als Geschenk der Magier verweist auf die Göttlichkeit des Beschenkten. Weihrauch gilt als Gottesduft, ihm schrieb man geheime Kraft, apotropäische,

also Unheil abwendende, Wirkung zu, und die Fähigkeit, Verbindung mit göttlichen Menschen herzustellen. Das Aufsteigen und die Ausbreitung des Weihrauchs symbolisiert die Entfaltung der Gottheit; der Duft war der Gottheit wesensgemäß, die dem Menschen sinnlich erfahrbar wird. Weihrauch war aber nicht nur Opfergabe, sondern ließ den Menschen der göttlichen Kraft teilhaftig werden. Im Judentum und Christentum behielt der Weihrauch seine Symbolik: Vergeistigung, Emporstreben, Opfer, Gebet. Weihrauch wurde zum sakralen Symbol Gottes. Im Christentum wird der Weihrauch zum Symbol für Christus. Christus selbst ist das Weihrauchgefäß, das „allen überweltlichen und alles Kreatürliche übertreffenden Duft in sich trägt und mit ihm das All erfüllt“ (vgl. Cyrill von Alexandrien, De adoratione X). Im Christentum findet der Weihrauch ab dem 4. Jahrhundert, nach der Überwindung des Heidentums, Eingang. Weihrauch wird im Gottesdienst etwa bei der Altarweihe und in der Totenliturgie eingesetzt.

Die Gaben der drei Magier werden am Vorabend ihres Festes in der Kirche gesegnet. Im Volksglauben wird der Weihrauch wegen seiner apotropäischen Wirkung wegen genutzt. Das „Räuchern“ von Haus und Hof beruht auf dem alten Volksglauben, der in den zwölf Rau(c)hnächten zwischen Weihnachten und Epiphanie das Wirken dämonischer Mächte fürchtet.

Das Geschenk der Heiligen Drei Könige besteht aus drei einzelnen Teilen, womit die Symbolik der Zahl Drei angesprochen ist. Die Drei galt bei vielen Völkern als heiligste Zahl, sie kennzeichnet in Mythos und Religion häufig göttliche Konstellationen (die ägyptische Dreiheit von Osiris, Isis und Horus, die römische Triade Jupiter, Juno und Minerva, die christliche Trinität) und die Einteilung der Welt (Himmel, Erde, Unterwelt). Eine metaphysische Triade kennt die indische Religionsphilosophie: Sein, Denken, Wonne (Sanskrit: sat, cit, ananda); anthropologisch ist die indische Dreiheit der Seelen-

Stephan Lochner
Dombild im
Kölner Dom

kräfte: das Finstere, das Bewegte, das Seiende (Sanskrit: tamas, rajas, sattvam). Die Bedeutung der Drei spiegelt sich auch im Volksmärchen (drei Wünsche, drei Brüder) und in Redewendungen („aller guten Dinge sind drei", „in drei Teufels Namen").

Die Heiligen Drei Könige lassen sich auch als die drei biblischen Rassen (Semiten, Chamiten und Japhetiten, die Nachfahren der Söhne Noahs) und als die drei Lebensalter typisieren. Nachhaltiger wirkte jedoch die Zuordnung zu den drei bekannten Erdteilen. Beda Venerabilis teilte um 700 die Magier ein: Der junge Caspar vertritt als Schwarzer Afrika; der greise Melchior ist geschmückt wie ein europäischer König; Balthasar steht in den besten Jahren und repräsentiert den asiatischen Kontinent. Dass zuweilen auch Balthasar der älteste der Könige sein kann, geht auf den großen ikonographischen Einfluss des „Altars der Stadtpatrone" (1445) von Stephan Lochner zurück, der seit 1809 unter dem traditionellen Namen „Kölner Dombild" den Dom schmückt. Kaspar wurde bis zu den Spanischen Befreiungskriegen gegen den Islam zum „Mohrenkönig", dessen Rolle seitdem meist Melchior übernimmt.

Nicht nur das analoge Denken, wenn z. B. der heilige Valentin gegen die Fallsucht hilft, weil er so heißt wie er heißt, prägte unsere Vorfahren. Auch die symbolische Deutung von Zahlen war für sie völlig normal. Die Dreizahl der Geschenke bezeichnet die Göttlichkeit des Geschenke-Adressaten ebenso, wie sie Rückschlüsse auf die in der Bibel nicht genannte Zahl der Schenker ziehen lässt. Auch das magische Denken unserer Ahnen lässt sich durch die Heiligen Drei Könige bedienen: Die Initialen ihrer Namen kombiniert mit drei (!) Kreuzen hilft auf der Außenseite der Tür, das Eindringen von Dämonen zu verhindern, wenn man es mit weißer Kreide, der Farbe, die Dämonen abschreckt, schreibt. Das Dreikönigszeichen hat apotropäische Wirkung, es weist böse Geister ab.

Die Heiligen Drei Könige sind wohl auch die ältesten „Zahlenheiligen" im Christentum. Von „Zweiergruppen" (z. B. die heiligen

Johann F. Overbeck,
Anbetung der
Heiligen Drei Könige
18. Jahrhundert
(Ausschnitte)

Kosmas und Damian) über „Dreiergruppen" („Barbara mit dem Turm, Margareta mit dem Wurm [= Drache], Katharina mit dem Rädchen, das sind die heiligen drei Mädchen") bis hin zu den „unendlichen Heiligen", die an Allerheiligen gefeiert werden, gibt es viele Zahlenheilige.
Aber nicht nur die Zahl Drei steht in Verbindung mit den Heiligen Drei Königen, auch die Zahl Acht. Denn nach alter Tradition hat der Stern von Betlehem acht Strahlen oder Zacken. Die Acht definiert im Christentum Christus, der am Tag nach dem Sabbat, dem Tag nach dem siebten Tag, also am achten Tag, auferstanden ist. Deshalb feiern die Christen das Fest der Auferstehung an jedem achten Tag. Die Zahl Acht ergibt sich, wenn man den ersten und den letzten Tag zusammen zählt. Die Acht findet sich darum häufiger in der christlichen Symbolik und Ikonographie. Die Taufbecken vor allem sind gerne achteckig, weil der Täufling in ihnen mit Christus stirbt, indem er untertaucht, und mit Christus wiedergeboren wird, indem er wieder auftaucht. Da sich die Symbolik in jeder Eucharistiefeier wiederholt, wird das Oktogon gerne auch für das Kirchengebäude verwendet. Die Symbolik der Acht findet sich auch noch in unseren Redewendungen, wenn wir z. B. davon sprechen, uns in acht Tagen sehen zu wollen, und damit exakt eine Woche oder sieben Tage meinen.
Der achteckige Stern von Betlehem wird vielfach auch mit Christus gleichgesetzt. Christus taucht im Stern als Neugeborener oder in Form seines Monogramms IHS auf. Gern wird Christus statt in der Krippe auf einem achteckigen Stern liegend präsentiert.
Allerdings scheint die Symbolik der Acht nicht in allen Zeiten präsent gewesen zu sein, weshalb es auch schon im Mittelalter Sterne von Betlehem gibt, die weniger oder mehr Strahlen haben. Nach der Aufklärung scheint das Wissen verschüttet gewesen zu sein, denn der „Amtsstern" der Kölner Domherren, der ja der Stern von Betlehem sein soll, der schließlich auf dem Vierungstürmchen über

Der Amtsstern der
Kölner Domherren.
Im Mittelpunkt:
Die Anbetung
der Könige

der Stelle thront, unter dem einmal der Dreikönigenschrein aufgestellt werden sollte, hat nur sechs Strahlen!
Und noch eine symbolische Zahl iden: die Dreizehn. Das Fest Epiphanie, oft nur Dreikönige genannt, am 6. Januar, hieß im Mittelalter auch der „Dreizehnte". Es ist der Tag nach den Zwölf Nächten, der Zeit zwischen den Jahren, der Phase vom 25. Dezember bis zum 6. Januar. Der „Dreizehnte", nach heutigem Sprachgebrauch sozusagen „die Mutter aller Unglückstage", bot sich gerade dazu an, alles Unglück dieser Welt, nach althergebrachtem Verständnis immer die Angriffe von Dämonen, abzuwehren.

Wir haben seinen Stern gesehen: der Stern von Bethlehem

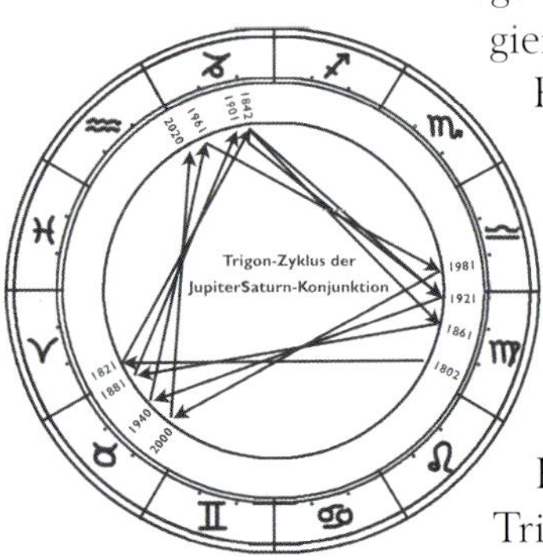

Johannes Keplers „Stern von Bethlehem" Sternkonjunktion

Nach Mt 2,1ff. haben die Magier „einen Stern aufgehen sehen" und sind ihm gefolgt, bis er in Betlehem über dem Geburtsort Jesu anhielt. Dieser Stern war ihnen Signal und Wegweiser. Heutige Theologen gehen mehrheitlich nicht mehr von der Historizität der Magiererzählung aus und sehen sich daher auch nicht gezwungen, das Phänomen des Sterns von Betlehem naturwissenschaftlich als Supernova, Komet oder Jupiter-Saturn-Konjunktion auszudeuten. Dennoch existiert das interessante Phänomen, dass der kaiserliche Hofastronom Johannes Kepler 1603 eine Sternkonjunktion entdeckt hat, die im Jahre 7 vor Christus dreimal am Himmel zu sehen war: am 29. Mai, 3. Oktober und 4. Dezember. Es handelt sich um die Konjunktion der Planeten Jupiter und Saturn im Sternbild der Fische, eine Tripel-Konjunktion. Dabei ist es mit großer Wahrscheinlichkeit zu einer Erscheinung gekommen, die sich in Darstellungen und Erzählungen gerne als „Sternenschweif" oder „Kometenschweif" zeigt: ein zarter Lichtkegel mit den beiden Planeten an der Spitze, der von den Sternen direkt auf die Erde zu weisen schien. Bei diesem Phänomen handelt es sich um das von Astronomen so genannte Zodiakallicht, das mit den Planeten an sich nichts zu tun hat. Es ist Sonnenlicht, das von Staub gestreut wird, und kegelartig auf die Erde „fällt". Darum wissend, dass das Jahr 0 nicht das Geburtsjahr Jesu sein konnte und Herodes bereits 4 vor Christus gestorben war, gilt diese Sternkonjunktion als „Stern von Betlehem".

Der Saturn war immer der Stern Israels und wurde zeitweise sogar im Tempel zu Jerusalem verehrt. Der „Tag des Saturn", der sich im englischen Begriff „Saturday" am deutlichsten erhalten hat, ist der Tag der Juden, Symbol des Sabbats, des jüdischen Gesetzes. Der Jupiter dagegen galt als Königsstern, „Hirt der Sterne", „Regent der Planeten", Heil- und Friedensbringer, der Gnade und Segen bewirkt. Die Konjunktion kann astrologisch so verstanden werden, dass den Juden (Saturn) der König (Jupiter) der Gerechtigkeit (Saturn) gebo-

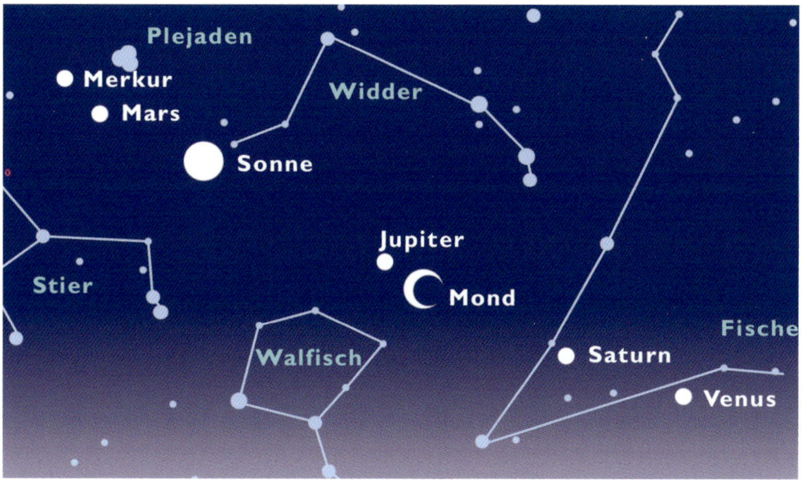

Sternenkonstellation zur Zeit von Christi Geburt

ren wird. Der Neugeborene ist die Inkarnation des höchsten Gottes (Jupiter). Die Konjunktion im Sternbild der Fische wirkt dann als Hinweis auf den Ort dieses Geschehens: Die Fische symbolisieren das Land Amurru, das ist das Westland (aus Sicht Babylons), das heutige Palästina. Im Übrigen galten die Fische als Zeichen des Endes der irdischen Welt, als Grenzstelle des Übergangs in das Jenseitige. Mit dem neugeborenen König bricht also eine neue Ära an.

In der Antike galten Sterne als vernunftbegabte Lebewesen, die sich um die Welt sorgten. Oft wurden sie als Götter verehrt, weshalb sich konsequenterweise die Astrologie entwickelte. Im Rahmen dieser Vorstellungen entstand der – aus heutiger Sicht – Aberglaube, wonach das Schicksal eines jeden Menschen von dem Stern abhängig sei, unter dem er geboren wurde. Unter den Juden war der Sternenkult später verpönt (vgl. Dt 4,19), aber ihnen und den Kirchenvätern galt er für die Heiden, damit sie „nicht gänzlich gottlos würden und gänzlich zugrunde gingen. [...] Er war ein Weg, der ihnen gegeben worden war, damit sie sich durch die Verehrung der Gestirne zu Gott emporarbeiten sollten" (Clemens von Alexandrien, Strom VI, 110, 3ff.).

Die Grundsymbolik der Sterne besteht darin, Abbild jener göttlichen Idee zu sein, nach der die Schöpfung sich um Gott bewegt, seinen Willen erfüllt. Die Sterne zeigen: Gott ist Mitte der Schöpfung, alles Leben kreist um ihn. Der moabitische Seher Bileam hatte prophezeit: „Ich sehe ihn, aber nicht jetzt, ich erblicke ihn, aber nicht in der Nähe: ein Stern geht in Jakob auf, ein Zepter erhebt sich in Israel" (Nm 24,17) – deshalb auch die Bezeichnung Jakobsstern. Diese auf Jesus Christus hin gedeutete Weissagung erhebt ihn zum König: „Stern", „Sonne" und „Sonnenaufgang" sind Begriffe, die in der Antike das Königtum verdeutlichen. Der neu aufgegangene Stern signalisiert aber nicht nur den neuen König, den Messias, sondern führt die Heiden – auf die ihnen angemessene Art – zur Krippe, wo sie vor Gottes Sohn anbetend niederknien und ihn durch symbolhafte

Mittelstück der
Amtskette des
Oberbürgermeisters
der Stadt Köln

Geschenke als Messias verehren. Der Stern, der den Weg zur Krippe weist, ist nach alter christlicher Tradition Christus selber. Er wird als achteckiger Stern dargestellt und galt als frühchristliches Symbol für Christus.

Der Kirchenvater Ambrosius (um 333–397) schreibt in seiner Auslegung des Lukas-Evangeliums: „Christus im Geheimnis der Menschwerdung ist selbst der Stern […] Mit dem eignen Licht weist er also auf sich selber hin“ (Ambr. in Luc. II, 45). Diese Deutung wird in der Kunst aufgenommen, die den Stern der Magier mit Christusmonogramm, Kreuz oder der Christusgestalt verbindet. Die Domherren der Kölner Kathedrale, die die Reliquien der heiligen Dreikönige aufbewahrt haben, tragen bis zum heutigen Tag den Stern an einer Amtskette als Zeichen ihrer Würde.
Der Stern als die Hausmarke der Dreikönige bekrönt seit dem Bau des gotischen Doms in Köln das Vierungstürmchen.

Ansicht des Dreikönigsmausoleums
Kupferstich von Ferdinand Lang
Köln 1750
Kölner Stadtmuseum

Der Stern auf dem
Vierungsturm des
Kölner Doms

Die Anbetung der
Heiligen Drei Könige
Hieronymus Bosch
Öl auf Holz
um 1510

(K)ein alter Hut: die Phrygische Mütze

Heinrich Aldegrever
Anbetung der Könige
Altarbild, um 1526
Sankt Maria zur Wiese,
Soest

Während ein Hut seinen Träger überhöht, ihn also sprichwörtlich größer werden lässt, und deshalb als „Ritual-Hut" ein Kennzeichen der Herren und Herrschenden ist, signalisiert die Mütze den niederen Stand.
Ein Mythos benennt die Herkunft und Urbedeutung der phrygischen Mütze, einer spitz zulaufenden, nach vorn geneigten Kopfbedeckung: Der sagenhafte König von Phrygien, Midas I., sei von Apollo mit Eselsohren bestraft worden, weil er dem Gott in einem musischen Wettstreit widersprochen habe. (Seine kleinasiatische Dynastie hielt es zu ihrer Zeit deshalb für hohen Ruhm, von einem Esel abzustammen: Midas wurde als Gott in Tiergestalt angebetet.) Immerhin ist der historisch kaum fassbare Midas selbst dem SPIEGEL (5/2004) einen Bericht wert, weil 2004 in Kleinasien ein Grab gefunden wurde, das das des Midas sein könnte. Damit die angewachsenen Eselsohren verborgen bleiben konnten, ließ sich, so die Legende, König Midas eine besondere Mütze anfertigen, eben die phrygische Mütze. Sie bestand ursprünglich aus einem gegerbten Hodensack eines Stieres und zeigte noch das Fell. Kennzeichen hier und bei allen Folgemodellen: Der Zipfel stand nach vorn. Trotz strengster Strafandrohungen plauderte aber der Friseur des Königs das Geheimnis aus, das sich wie ein Lauffeuer verbreitete. Vor diesem Hintergrund wurde die phrygische Mütze zum Symbol des offenen Widerspruchs gegen die Bevormundung „von oben". Die phrygische Mütze kennzeichnet nicht nur ihre Träger als Phrygier,

Der Heilige Christopherus
trägt eine phrygische Mütze
Psalter, um 1235
Köln Schnütgen-Museum

sondern ist auch eine „ideologische Mütze", die ihren Träger beschreibt.
Das aufrührerische, obrigkeitskritische und oft illegale Tun des Mützenträgers wird vielfach dargestellt. Mit der phrygischen Mütze erscheinen die Amazonen, die geborenen Feinde der patriarchalischen Ordnung. Auch Paris, der Prinz von Troja, wird so dargestellt, weil er Helena mit illegalen, magischen Mitteln entführt hat. Die Altarbilder in den römischen Mithräen zeigen den Stiertöter Mithras mit phrygischer Mütze.
Zur Zeit der Etrusker gelangte die Symbolmütze als Zeichen freiheitsbewusster Lebenshaltung nach Italien. In der Renaissance weitete sich die symbolische Bedeutung auf zwei weitere Kopfbedeckungen aus: die Baskenmütze und das Barett. Sie wurden zum Standeszeichen der von Natur aus liberalen Künstler.
Typisch für alle diese Mützen: Beim Grüßen werden sie nicht – wie ein Hut – gelüftet. Im Gegenteil: Man zieht diese Mütze vor niemandem ab – es sei denn vor dem Herrgott in seiner Kirche. Der asymmetrische Sitz von Baskenmütze oder Barett betont den provozierenden Charakter dieser Kopfbedeckung. Sowohl der Hut (vgl. z. B. Thomas Mann als typischen Herrenhutträger) als auch die Baskenmütze (vgl. z. B. Heinrich Böll als typischen Mützenträger) verdeutlichen den geistigen Standort ihres Trägers.
Im Altertum kennzeichnete die phrygische Mütze vor allem die Herkunft des Bemützten aus Kleinasien oder seinen Stand: die Zugehörigkeit zur Priesterkaste der Meder. Im Zusammenhang christlicher Ikonographie taucht die phrygische Mütze deshalb zuerst in Verbindung mit den Heiligen Drei Königen auf. Weil die bei der Geburtserzählung Jesu erwähnten Magier aus dem Osten kamen, erhielten sie – ehe sie in den Legenden zu „Königen" wurden und damit zu goldenen Kopfbedeckungen kamen – phrygische Mützen; so zu finden auf Sargreliefs im 3. und 4. Jahrhundert und auf dem berühmten Mosaik in Ravenna aus dem 6. Jahrhundert.

Paris

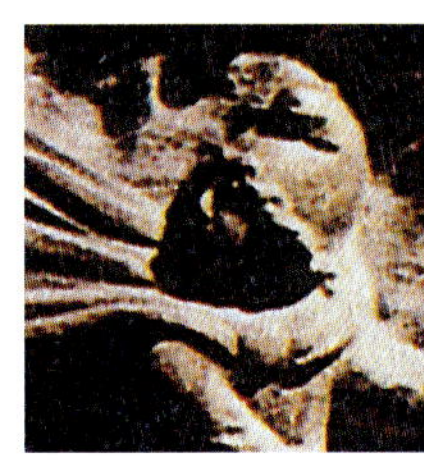

Mithras

Die Heiligen Drei Könige überreichen der Madonna Geschenke
Mosaik, 6. Jahrhundert
Basilika S. Apollinare Nuovo
Ravenna

Als der heilige Nikolaus während der Aufklärung zum bösen Niklas säkularisiert wurde – zum Beispiel durch Heinrich Hoffmann im Struwwelpeter (1847) – verlor er seinen kompletten bischöflichen Ornat, der durch einen roten Mantel und eine rote phrygische Mütze ersetzt wurde. Während alle anderen Kennzeichen des Nikolaus verloren gingen, als er in Nordamerika zum Santa Claus und dann zum Father Christmas oder Weihnachtsmann mutierte, blieb ihm die rote phrygische Mütze als Hinweis auf seine kleinasiatische Herkunft erhalten. Auch die in Zwergform geklonten Mini-Weihnachtsmänner, die „Little Helpers", tragen rote phrygische Mützen. Ebendieses Kennzeichen ist auch den „echten" Gartenzwergen eigen, den jüngsten Abarten des Heiligen aus der heutigen Türkei.
Auch als Kaspar zum Kasperle wurde, verlor er die Krone und erhielt die – im rheinischen Slang gerne so genannte – Plümmelmütze, eine spitz zulaufende Mütze, meist mit einer Quaste am Ende. Auch diese Mütze hat Züge der phrygischen Mütze, wenn der Plümmel nicht hinten, sondern den Naturgesetzen widerlaufend, nach vorn, auf der Brust, hängt. Der deutsche Michel, seit dem 18./19. Jahrhundert gern verschlafen mit einer Nachtmütze abgebildet, kann mit einer phrygisch anmutenden Mütze nach dem Muster des Kasperle durchaus forsch aussehen.
Die Symbolik der phrygischen Mütze war auch für die Jakobiner im aufrührerischen Frankreich des 18. Jahrhunderts noch aussagekräftig. Sie übernahmen die Mützenform für ihre Jakobinermütze, die zur Kopfbedeckung der an der Französischen Revolution Beteiligten wurde. Als bei der Neubelebung der Fastnacht nach 1827 eine einheitliche Kopfbedeckung für die Narren gesucht wurde, war diese Jakobinermütze Vorbild für die moderne Narrenkappe: zunächst ein Papierhütchen in Form der phrygischen Mütze, aus der sich dann die Narrenmütze in Schiffchenform entwickelte, die noch immer eine nach vorn geneigte Spitze aufweist.

Jakobinermütze

Die jüngste Gegenwart zeigt die Lebendigkeit der symbolhaften Bedeutung der phrygischen Mütze: Auch der extrem hochgestellte, nach vorn gerichtete und oft rotgefärbte Haarkamm der Punks nimmt die uralte Symbolik auf. Das neu kreierte Comic-Geschlecht der Schlümpfe trägt natürlich die phrygische Mütze; das gilt sogar für das Schlumpfinchen! Aber auch die Goldbärchen in der gleichnamigen Zeichentrickserie verfügen über einen stets aufmüpfigen Krieger, der – was denn sonst? – natürlich eine phrygische Mütze trägt.

Die durch die Heiligen Drei Könige in die christliche Ikonographie eingebrachte phrygische Mütze, die sie vor ihrer Königswürde getragen haben, hat eine beispiellose und kaum wahrgenommene Karriere gemacht, die für die Zukunft noch einiges erwarten lässt.

Madonna mit den Magiern
Domitilla-Katakombe, Rom

Vom Kaspar zum Kasperle

Das Schauspiel innerhalb der Kirchen, vor allem das Krippenspiel und das Dreikönigsspiel, begann im 17. und im 18. Jahrhundert Elemente aufzunehmen, die sich nicht biblisch oder legendarisch begründen ließen, aber als komische Einlagen hohe Unterhaltungsqualitäten hatten. Der eigentlich zu vermittelnde Stoff dagegen geriet in den Hintergrund.
Das über 200 Jahre alte Kölner Hänneschen-Theater, das rheinische Nonplusultra in Sachen Stockpuppen, kennt kein Kasperle. Hier dominiert das Hänneschen. Dass die Hansfigur „Hänneschen" heißt und eben nicht Fränzchen oder Aloischen hat seinen Grund darin, dass Johannes oder Hans vom 14. bis 17. Jahrhundert der häufigste Jungenname war. Entsprechend viele Wortverbindungen gibt es mit Hans, die auf ein Phänomen aufmerksam machen wollen, z. B. Schmalhans, Hans-Dampf, Faselhannes, Plapperhannes, Prahlhans usw.. „Dat kölsche Hännesche", natürlich nie ohne „dat Bärbelche", garantiert dem Kölner Theater im zweiten Jahrzehnt ein permanent ausverkauftes Haus.

Zwischen Aufklärung und Romantik, Französischer Revolution und preußischer Besetzung, vor dem Hintergrund sozialer und politischer Umwälzungen, im Prozess der Umwandlung von dörflicher Idylle zur städtischen Industriegesellschaft treten Typen und eine wechselnde Zahl von Konflikten auf, in denen sich jeder Zuschauer wiederfinden kann. Und so sehr auch die geltende Ordnung auf den Kopf gestellt wird – am Ende siegt immer das Gute, ist das soziale System immer ein sicheres Auffangnetz. Mit zuckersüßer Chuzpe, kreativer Subversivität oder frecher Unverschämtheit werden die Bugfiguren französischer oder preußischer Besatzung „entschärft" und – wenn schon nicht integriert – wenigstens neutralisiert. Auch in Köln sind eben jene Fremden die besten, die „von hier" kommen. Das Hänneschen-Milieu spiegelt rheinische Spießermentalität und hinterfragt sie zugleich. Es bleibt immer eine unerfüllte, tiefe

Heinrich Aldegrever
Anbetung der Könige
(Ausschnitt)
Altarbild, um 1526
Sankt Maria zur Wiese,
Soest

Sehnsucht nach dem Mehr als Alles und ein selbstverliebtes melancholisches Leiden am Sosein des Daseins. Hier hat jede Katastrophe immer auch komödiantische Züge. Tragödien, über die man nicht auch lachen kann, sind eben nicht rheinisch. In ebendiesem Sinne ist Köln die nördlichste Stadt Italiens. Beweist die Gegenwart diesen Grundsatz nicht immer wieder?

Was in Köln das Hänneschen-Theater bietet, wird gern verglichen mit dem, was anderswo Kasperle-Theater heißt. Wie haben sich diese Puppentheater entwickelt? Drei Wurzeln haben sie in der Regel: das Krippen- und Mysterienspiel, das Volksschauspiel und die Commedia dell'Arte.

Das geistliche Spiel von realen maskierten Personen oder mit Puppen zu kirchlichen Festen wie zur Advents- und Weihnachtszeit mit profanen und sogar komödiantischen Einlagen bestand bis Ende des 18. Jahrhunderts insbesondere in Österreich, Polen und Frankreich. Auch wenn beim Hänneschen-Theater die religiösen Stoffe hinwegsäkularisiert sind und der kirchliche Vorhof als Aufführungsort sowie die Festtermine als Veranstaltungszeitpunkte fortgefallen sind: Die handelnde komödiantische Hauptfigur, der „Hanswurst“ – alias u. a. Jean Potage, Jack Pudding, Maccaroni, Pickelhering in anderen Ländern – wird von einer Beigabe zur Hauptperson, wandelt aber seinen Charakter. Den geistlichen Urgrund dieses Theaters merkt man nicht nur an den nach wie vor präsenten Bezeichnungen vom „Krippenspiel“ oder dem „Kreppe-Hänneschen“. Der dreiteilige Bühnenaufbau des Hänneschen-Theaters entspricht exakt dem Steyrer Krippenspiel, von dem es der Gründer des Stockpuppentheaters, J. Ch. Winters, übernommen hatte. Auch das Vorkommen von Hänneschen und Bärbelchen in Kölner Kirchenkrippen zur Weihnachtszeit ist ein Hinweis auf die alten Wurzeln.

Die zweite Wurzel ist das Volksschauspiel, das durch den Übergang vom geistlichen Spiel zum Volksschauspiel entstand. Seinen Mittelpunkt bilden jene „archaisierenden Figuren“ (Günter Böhmer), die

vor der Säkularisierung in Krippen- und Mysterien-spielen und bei geistlichen Aufzügen auftraten und durch oft derbe Faxen und nicht immer jugendfreie Possen das Publikum erheiterten. Der Fortfall des geistlichen Handlungsstoffes bot nun die Mög-lichkeit, auch das Unsägliche zu sagen. Das Ungesagte, das Nie-Gesagte, das Unsagbare und das Unsägliche sind die Stoffe, aus dem das Volksschauspiel lustvoll und lebensprall lebt.
Die dritte Wurzel ist die Commedia dell'Arte, die im 18. Jahrhundert noch fröhliche Urstände auch in Köln feierte. In Rückbesinnung auf diese Spielform rekrutierte das Hänneschen-Theater den Typenkanon ebenso wie die Improvisationskunst. Die Kölner Eigenleistung bestand in der Inkulturation der Typen in ein kölnisches Handlungsfeld. So entstanden unverwechselbare Kölner Gewächse. Parallele Typen kann man im Antwerpener „Poesjenellen Kelder" finden, wo „De Neus" mit markant großer roter Nase und einfältigem Wesen ebenso vertreten ist wie „De Schele", der schielt und zusätzlich so schön stottert, wie es der „Speimanes" später in Köln kultiviert.
Was den Kölnern ihr Hänneschen, war anderen ihr Kaspar, dessen Akzeptanz sich in der einvernehmenden Kuschelformulierung „Kasperle" ausdrückt. In vielen Gegenden des deutschsprachigen Raumes blieb er der für das Gute kämpfende Held der Kinder, ob er denn gegen Krokodile oder den Teufel kämpft – er ist immer der Sie-ger, auch wenn es einmal nicht danach aussieht. Die dreikönigliche Herkunft des ins Komische gekehrten Königs Kaspar als Kasperle aber kann man nur noch manchmal feststellen, wenn sein Handeln pseudoreligiös begründet wird, wenn die Figur keine eheliche Bindung eingeht und – wenn man auf die Mütze schaut.

Aus der phrygischen Mütze der Magier ist eine Plümmelmütze geworden, ohne die kein Kaspar ein Kaspar ist. Und in Erinnerung an die bei der phrygischen Mütze nach vorn gerichtete Spitze hängt der

Der Kasperle

Plümmel der Kasparmütze nicht nach hinten, sondern nach vorn. An ihren Mützen werdet ihr sie erkennen: Ob Kasperle oder Weihnachtsmann, ihre Kopfbedeckung deckt die Herkunft auf.

Vielleicht liefert die Herkunft des Hänneschen aus dem Krippenspiel auch den Grund dafür, dass er immer integriert: Auch wenn die Bösen als die Bösen entlarvt werden – sie werden nicht aus der Gemeinschaft ausgeschlossen. Dahinter steht die – kluge oder schon weise zu nennende – Erkenntnis, dass die Guten nie nur gut und die Bösen nie nur böse sind.
Ob Kasperle oder Hänneschen: Die regional verorteten exemplarischen Charaktere eignen sich nicht zum Klassenkampf oder zur ständischen Revolte gegen „die da oben". Die Handlungen leben vom Psychogramm menschlicher Interaktivität: Kinder und Erwachsene, Städter und Dörfler, Trieb- und Kulturmensch, Buch- und Kopfmensch. Wir selbst finden uns in diesen Typen und ihren Konflikten wieder – und das nicht nur in den vermeintlich guten.
Wenn sonst nichts vom geistlichen Spiel erhalten geblieben wäre: Hinter der „Britz" finden sich eben nicht bloß Hohlköpfe und Holzköpfe. Dass der Mensch das Gute, das Schöne, die Wahrheit will und auf dem Weg dahin oft an sich selbst scheitert, bleibt ein gemeinsames Grundmuster von geistlichem Spiel und Volksbühne.

Dreikönigslexikon

Alle Briefmarken:
Sammlergilde St. Gabriel e.V.;
Rommerskirchen

Balthasar: Der Tradition nach Name des mittleren der Heiligen Drei Könige. Balthasar bedeutet im Persischen „Lichtkönig“. Als Gedenktag wurde früher der 11. Januar gefeiert. Als Rufname wird Balthasar, auch in der Kurzform Balz, gebräuchlich. Sowohl Balthasar als auch Balz oder Balzer werden zu Familiennamen. In Kombination von z. B. Beier und Balthasar mutieren beide Namen zu Beierwaltes. Durch Suffixe (= Endungen), die die Bedeutung „zugehörig zu“ haben, oft im Sinne von „Sohn/Tochter des ...“, ergibt sich etwa im Litauischen zu Balthasar: Baltruweit, Baltr(us)at(is), Baldzohn.

Befana, La: Name der Dreikönigshexe in Italien, zu der manchmal auch ein männliches Pendant, Befano, tritt. Legendarisch hat sie die Heiligen Drei Könige verpasst und sucht sie – und damit das Christkind – überall bei den Kindern. Sie hinterlässt bei den „braven“ Kindern kleine Geschenke, weil jedes Kind das (ein!) Christkind sein könnte. „Böse“ Kinder erhalten dagegen ein Stückchen Kohle, werden also „schwarz gemacht“. Unverkennbar ist La Befana mit der Idee vom Vierten König verbunden.

Betlehem: Stadt in Palästina im Stammgebiet Juda, Geburtsort Davids, südlich von Jerusalem gelegen. Betlehem bedeutet hebr. „Bethaus“. Über der Höhle, die als Geburtsort Jesu gilt, steht heute eine alte Basilika.

Betlehemitischer Kindermord: Nach Mt 2,16ff. befahl Herodes aus Furcht vor einem Konkurrenten die Ermordung aller Knaben unter zwei Jahren in und um Betlehem. Liturgisch memoriert die Kirche dieses Ereignis am 28. Dezember durch das Fest „Unschuldige Kinder“. Bevor der ab dem 12. Jahrhundert in unserem Sprachraum immer populärer werdende Nikolaus das Beschen-

ken der Kinder auf seinen Gedenktag zog, wurden die Kinder an diesem Tag mit Gaben bedacht.

BOHNENFEST: oder Bohnenkönigsfest hieß der Festbrauch am DREIKÖNIGSTAG. Wer im (Drei-)KÖNIGSKUCHEN die eingebackene Bohne, Münze o. ä. fand, war BOHNENKÖNIG für einen Tag. Andernorts wurde der König durch Zettel, die KÖNIGSBRIEFE, ausgelost. Das Bohnenfest war Auslöser für „Bunnebälle“ (= Bohnenbälle), Kostümbälle, die auch – als Französisch modern war – Redouten genannt wurden.

BOHNENKÖNIG: Wer im (Drei-)Königskuchen die Bohne, Münze o. ä. fand, wurde BOHNENKÖNIG oder FREUDENKÖNIG. Er oder sie trug eine Krone und stand einem Maskenfest vor, das verteilte Rollen vorsah. Das Fest des Bohnenkönigs war im gesamten deutschsprachigen Bereich zu Hause, aber auch in den Niederlanden, in Frankreich und in England. Hier hieß der Bohnenkönig, der ja einem NARRENREICH vorstand, LORD OF MISRULE (= Herr der Unordnung und des Unfugs). Dazu gehörte eine Bohnenkönigin mit dem schönen Namen KÖNIGIN MARKFETT.

BOHNENKÖNIGSFEST → **BOHNENFEST**

BOHNENKUCHEN → **KÖNIGSKUCHEN**

BRUDERSCHAFT: Wo die Heiligen Drei Könige verehrt wurden, entstanden unter ihrem Namen auch Dreikönigs-Bruderschaften. Sie waren Lebens- und Gebetsgemeinschaften, die das Ewige Leben aller Brüder (und manchmal auch Schwestern) zum Ziel hatte.

CABALGATA DE LOS REYES MAGOS: Feierlicher Einzug der Heiligen Drei Könige in die spanischen Städte zu Anfang Januar, eine

Mischung aus Weihnachten und Karneval. Und ein bunter Korso, bei dem die heiligen Magier zwar nicht auf Händen, wohl aber auf Sänften durch die Straßen getragen werden. An diesem Tag erhalten die Kinder ihre Weihnachtsgeschenke. Auf den Tisch kommt auch der „Roscones", der (Drei-)KÖNIGSKUCHEN.

CASPAR → KASPAR

C+M+B: (manchmal auch: K+M+B) Namenskürzel für die Heiligen Drei Könige. Die Buchstaben wurden in dieser Form mit weißer Kreide an den Türbalken geschrieben und sollten Unheil vom Haus und seinen Bewohnern fernhalten. Seit der Wiederbelebung des Sternsingerbrauchtums nach dem Zweiten Weltkrieg werden die Buchstaben als „Christus Mansionem Benedicat" – „Christus segne dieses Haus" – gedeutet. Am Vorabend des Dreikönigstages oder um die Zeit des Dreikönigstages herum werden die Buchstaben in Verbindung mit der Jahreszahl (20*K+M+B*05) von den Sternsingern an die Tür geschrieben (Haussegnung).

DASSEL, RAINALD VON: Der um 1120 Geborene gehört einem an der Ilme bei Hildesheim beheimateten Adelsgeschlecht an. Er war Kanzler von Kaiser Barbarossa und von 1159 bis zu seinem Tod 1167 Erzbischof von Köln. Rainald von Dassel brachte 1164 die Reliquien der Heiligen Drei Könige von Mailand nach Köln.

DODEKAHEMERON → ZWISCHEN DEN JAHREN

DREIKÖNIGE: Bezeichnung für den 6. Januar, EPIPHANIE, ein Fest, das vor allem im deutschsprachigen Bereich vom Gedenken an die Heiligen Drei Könige überwachsen wurde. Verbunden war der Tag mit Volksbrauchtum, wie dem BOHNENFEST.

DREIKÖNIGSABEND: Wie bei dem Heiligen Abend, oder Martins- oder Nikolausabend ist immer der Vorabend des Festtages gemeint. Liturgisch beginnt, wie schon im Judentum, ein Tag mit dem Sonnenuntergang des Vortages. Am Dreikönigsabend wurde – meist mit Hilfe des KÖNIGSKUCHENS – der BOHNENKÖNIG ermittelt.

DREIKÖNIGSFEST → DREIKÖNIGE

DREIKÖNIGSHEXE → BEFANA

DREIKÖNIGSKUCHEN → KÖNIGSKUCHEN

DREIKÖNIGSLEGENDEN: Legendarische Erzählungen über die Heiligen Drei Könige enthalten bereits die apokryphen Texte, dann die ab dem 12. Jahrhundert entstehenden Legenden. Die bedeutsamsten sind die „Historia Trium Regum" (Geschichte der drei Könige) des JOHANNES VON HILDESHEIM aus dem Jahr 1364 (siehe Kapitel „Quellen") und die aus der zweiten Hälfte des 13. Jahrhunderts stammende Dreikönigslegende der „Legenda aurea" (Goldene Legende) des Dominikaner Jacobus de Voragine, den späteren Erzbischof von Genua (siehe ebd.).

DREIKÖNIGSSALZ: Am Dreikönigstag ließ man in der Kirche gewöhnliches Salz weihen, das nun eine ähnlich extraordinäre Wirkung entfalten sollte wie das DREIKÖNIGSWASSER: Bei Gewitter aus dem Fenster gestreut, verhindert es den Einschlag von Blitz. Wenn sich die Milch nicht zu Butter schlagen ließ, halfen wenige Salzkörnchen, die die Magd in das Butterfass gab. Auch Krankheiten bei Mensch und Vieh sollte das Dreikönigssalz heilen.

DREIKÖNIGSSEGEN → C+M+B

DREIKÖNIGENSCHREIN: Größter erhaltener und kostbarster Reliquienschrein des Mittelalters, der die Gebeine der Heiligen Drei Könige enthält. Der im Kölner Dom aufgestellte Schrein wurde zwischen 1181 und 1239 von NIKOLAUS VON VERDUN geschaffen. Um 1200 trennte man bei den RELIQUIEN die Häupter ohne Unterkiefer ab und stellte sie gekrönt auf einem „HÄUPTERBRETT" aus.

DREIKÖNIGSSALZ: Wo es üblich ist, segnet der Priester am DREIKÖNIGSTAG nicht nur Wasser, KREIDE und WEIHRAUCH, sondern auch Salz. Er betet dazu: „Allmächtiger Gott, wir bitten dich: Segne + dieses Salz. Du hast dem Propheten Elischa geboten, schal gewordenem Wasser durch Salz wieder Kraft zu geben. Gewähre, dass, wo dieses vom Salz durchwirkte Wasser ausgesprengt wird, dein Heiliger Geist zugegen sei, alle Anfechtungen des Bösen abwende und uns durch seine Kraft behüte."

DREIKÖNIGSSINGEN → STERNSINGEN

DREIKÖNIGSSPIELE: Seit dem 11. Jahrhundert wurde die Erzählung von den Magiern aus dem Morgenland dramatisiert und gespielt. Ab dem 13. Jahrhundert mündeten die Dreikönigs- oder MAGIERSPIELE in die frühen Weihnachtsspiele. Je volkstümlicher EPIPHANIE zum reinen Dreikönigsfest wurde, desto mehr lösten sich die Dreikönigsspiele von ihrer liturgischen Funktion, gingen in neuere Präsentationsformen wie das Stockpuppenspiel ein und wanderten aus dem Kirchenraum hinaus auf den Marktplatz, vom fanum (lat., Heiligtum) ins profanum (lat., die Umgebung des Heiligtums). Die biblische Grundlage war zu diesem Zeitpunkt längst durch komische Einlagen in den Hintergrund gedrängt worden. Die Dreikönigsspiele dieser Art hielten sich in einzelnen Fällen bis in das 20. Jahrhundert. Das „KASPERLE" des Kinderpuppenspiels ist ein letztes Relikt des Dreikönigsspiels.

DREIKÖNIGSTAG → DREIKÖNIGE

DREIKÖNIGSWASSER: Das Dreikönigswasser wurde am DREIKÖNIGSABEND in der Kirche geweiht und von den Menschen nach Hause getragen. Es galt als „hochheiliges“, also als ein besonders wirksames Weihwasser. Mit ihm wurde die HAUSSEGNUNG nicht nur an DREIKÖNIGE vorgenommen.

DREIKÖNIGSZETTEL: So bezeichnet man amulettartig benutzte Papiere, die mit dem Signet der Heiligen Drei Könige (C+M+B) bedruckt waren und Segenssprüche aufwiesen. Diese in zahllosen Varianten bedruckten Papiere wurden an den DREIKÖNIGENSCHREIN gehalten (Berührungsreliquien) und übernahmen nach dem Volksglauben Heil und Segen der Reliquien, die sie auf den Träger dieses Zettels übertrugen.

DREIMAHLSNACHT: Der Oberstabend, die letzte Nacht der ZWÖLF NÄCHTE, der RAUHNÄCHTE, war die Nacht vom 5. auf den 6. Januar. In dieser Dreimahlsnacht wurde zu Ehren der Heiligen Drei Könige dreimal ein Mahl gehalten.

DREIZAHL: Nach Pythagoras ist die Drei die ungerade Zahl schlechthin, weil sie aus der unteilbaren Eins und der Zwei, Verdopplung und Trennung, besteht und weil sie beide Zahlen zusammen in eine höhere Einheit führt. Nächst der Eins ist die Drei der Vollkommenheit nahe: Sie hat Anfang, Mitte und Ende. Die Zahl Drei hat viele biblische Bezüge: Sie bezeichnet den dreimal heiligen Gott (Is 6,3), drei Engel erscheinen Abraham (Gen 18,2), dreimal muss ein Israelit vor Gottes Angesicht erscheinen (Ex 23,17; 34,23), drei Jünglinge überleben im Feuerofen usw. Die Zahl Drei symbolisiert einzigartige Heiligkeit: Im Christentum existiert Gott in Dreieinigkeit. Die Dreizahl erreichen die Heiligen Drei Könige aber über die im Matthäus-

Evangelium erwähnte Dreizahl der Geschenke (GOLD, WEIHRAUCH, MYRRHE). Diese Dreizahl bildet dann auch die Herkunft (drei Kontinente), die drei Reittiere (Kamel, Elefant, Pferd) und die drei Altersstufen (alt, mittelalt, jung).

DUCATO DI TRE MAGI: Bezeichnung einer Goldmünze aus der Zeit des römischen Kaisers Zeno (474–491), die in Sant' Eustorgio, Mailand, zu EPIPHANIE ausgestellt und verehrt wurde, nachdem die Reliquien verloren gegangen waren. Angeblich hatte die Goldmünze im Reliquiensarkophag der Heiligen Drei Könige gelegen. Im 18. Jahrhundert wurde diese Münze durch eine neue goldene Medaille ersetzt, die auf der einen Seite die Anbetung der Heiligen Drei Könige und auf der anderen das Christus-Monogramm zeigt. Diese neue Münze soll aus dem Gold der Zeno-Münze geformt worden sein.

EISBAD: Da die orthodoxe Kirche ihren Festkalender noch nach dem Julianischen Kalender ausrichtet, fällt Epiphanie etwa 13 Tage später als auf den 6. Januar. Im Vordergrund des orthodoxen Volksbrauchtums steht die Taufe Jesu im Jordan (vgl. TAUFNACHT). Sie wird dadurch nachvollzogen, dass man in das um diese Jahreszeit unter Eis erst frei zu legende fließende Wasser springt und ruft: „Mütterchen Quellwasser, reinige mich von Sünden und Leiden." Für die einen ein religiöser Brauch, ist es für andere bloß ein eiskalter Jux oder eine Mutprobe. Das Eisloch wird in Kreuzform gehackt oder mit Kerzen, Staatsfahnen und Ikonen umstellt. Die einen überstehen den Kälteschock durch vorheriges Aufheizen in einem Dampfbad, größere Mengen von Wodka oder – angeblich – durch ein geweihtes Wasser.

EPIPHANIE: Griech. „Erscheinung", in der Antike Bezeichnung für das plötzliche Erscheinen einer Gottheit („Theophanie"). Epiphanie

benannte das Erscheinen eines als Gott verehrten Herrschers. Im Christentum meint Epiphanie das Erscheinen Gottes als Christus in dieser Welt. Es bezeichnete den alten Termin des Weihnachtsfestes, den 6. Januar, später auch Kleine Weihnacht genannt. Dieses Fest wurde volkstümlich zum Dreikönigsfest.

Eustorgio: Sant' Eustorgio in Mailand hieß jene Kirche, in der Friedrich I. Barbarossa 1162 die Gebeine der Heiligen Drei Könige fand. Der Legende nach handelt es sich um einen Bischof Eustorgius des 4. Jahrhunderts, der als adliger Botschafter des Kaisers von Konstantinopel Mailand besuchte und wegen seiner vorzüglichen Charaktereigenschaften von den Mailändern zum Bischof gewählt wurde. Er soll danach vom Kaiser des Ostens die Gebeine der Heiligen Drei Könige als Geschenk empfangen haben. Historisch ist diese Legende nicht beweisbar.

Ex oriente lux: Die Redewendung „Aus dem Osten kommt das Licht" bezieht sich vordergründig nur auf den Sonnenaufgang im Osten. Der Sonnenaufgang steht aber bildlich für den auferstandenen Christus, weshalb die katholischen Kirchen in der Regel alle geostet sind und die bedeutsamste Vorbereitung auf die beiden wichtigsten christlichen Feste (Ostern, Weihnachten) im Durchwachen der Nacht bis zum Aufzug der Morgenröte besteht. Die lateinische Bezeichnung für Morgenröte, „aurora", und die griech. Parallele, „eos", haben „eostere" gebildet, woraus „Ostern", also das Fest der Morgenröte, des auferstandenen Christus entstand. Die Heiligen Drei Könige kamen nach biblischer Tradition aus dem Morgenland, dem Orient.

Feuer: Feuer wärmt, leuchtet, reinigt und verbrennt. Diese vier Eigenschaften machen das Feuer zu einem starken Symbol. Als Kerze u. a. zu Dreikönigen, Königskerze, oder in Form von brennen-

dem Weihrauch, vgl. GOLD, WEIHRAUCH UND MYRRHE, kommt es auch in Verbindung mit den Heiligen Drei Königen vor.

FLUCHT NACH ÄGYPTEN: Nach biblischem Bericht (Mt 2,13-15) flüchteten Maria und Josef mit dem Jesuskind nach Ägypten, um dem Attentat des König HERODES, dem BETLEHEMITISCHEN KINDERMORD, zu entgehen.

FREUDENKÖNIG → BOHNENKÖNIG

FRIEDRICH I. BARBAROSSA: Der Kaiser aus dem Geschlecht der Staufer, von den Italienern mit dem Spitznamen „Barbarossa" (Rotbart) bezeichnet, lebte von 1125 bis 1190, wurde 1152 König und 1155 Kaiser. Sein Kanzler für Italien war RAINALD VON DASSEL.

GALETTE DU ROI → KÖNIGSKUCHEN

GASTSTÄTTENNAMEN: Nicht jeder Gasthof „Zum Stern", „Zu den Dreikönigen" oder „Zum Mohr" verweist auf einen alten Pilgerweg, an dessen Rand ein Vorläufer dieses Gasthauses als Pilgerhospiz gestanden hat. Aber eine große Zahl hat sich in diesen Namen tradiert. Die Pilger konnten hier preiswert und sicher nächtigen, essen und sich waschen.

GOLD: Lat. aurum; Das Wort „Gold" wurde von der indogerm. Wurzel „ghel", glänzend, schimmernd, blank gebildet, hat also die Bedeutung: das Gelbliche, das Glänzende, das Blanke. Gold ist ein kostbares und edles Material, das ausgesprochen politurfähig und glänzend ist. Es ist sehr weich, schmilzt bei 1064 Grad und ist äußerst dehnbar. Im Altertum galt es als das einzige nicht auflösbare Metall. Heute weiß man, dass Gold nur von Königswasser, von freiem Chlor und Brom, ferner von Cyankalium in Gegenwart von

Luft gelöst werden kann. Im Besitz von Gold zeigten sich Macht und Reichtum der Herrschenden. Das Geschenk von Gold symbolisiert den neugeborenen König.

Gross-Neujahr → **Neujahr**

Häupterbrett → **Dreikönigenschrein**

Haussegnung → **C+M+B**

Helena: Eigentlich Flavia Iulia Helena (um 250–329?), Mutter Kaiser Konstantins und seit 325 Kaiserin. Seit 306 lebte die – nach der Tradition – aus einfachen Verhältnissen stammende Helena am Hof ihres Sohnes, der sie für das Christentum gewann. Ihr werden zahlreiche Funde im Heiligen Land nachgesagt wie z. B. das Kreuz Christi, die Treppe, über die Christus zu Pilatus geführt wurde (Scala Santa) und die Gebeine der Heiligen Drei Könige.

Herodes: Das Matthäus-Evangelium erwähnt einen König Herodes, der identisch sein muss mit Herodes dem Großen, der von 73–4 vor Christus gelebt hat und als von den Römern geduldeter, grausamer Herrscher gilt. Ihm wird der Betlehemitische Kindermord zugeschrieben, aber auch der großartige Tempelaufbau in Jerusalem.

Hildesheim, Johannes von: Im Auftrag des ehemaligen Kölner Chorbischofs und nachmaligen Bischofs von Münster (1364–1376) und Utrecht (1376–1393) Florentius (Florenz) von Wevelinghoven (um 1330–1393) verfasste Johannes von Hildesheim (um 1310/20–1375) zum 200-jährigen Jubiläum der Translation der Heiligen Drei Könige von Mailand nach Köln 1364 die lateinische „Historia Trium Regum“. Diese Handschrift, vielfach in Latein abgeschrieben und in andere Sprachen übersetzt, wurde 1476 erstmals in

Deutsch und 1477 in Latein gedruckt und seitdem viele Male nachgedruckt. Die ausschweifend erzählende Legende des Johannes von Hildesheim hat das Mittelalter und die nachfolgenden Legendensammlungen geprägt (siehe Kapitel „Quellen").

Jahresbeginn → Neujahr

Johannes von Hildesheim → Hildesheim, Johannes von

Karneval → Bohnenkönig

Kaspar: Der älteste der Heiligen Drei Könige heißt Caspar oder Kaspar, persisch „Schatzmeister". Zunächst galt er überwiegend als Mohr, wurde dann aber ab dem 14. Jahrhundert durch Melchior als Mohr abgelöst. Als Gedenktag wurde früher der 1. Januar begangen. Der Vorname Caspar ist in Davos vor der Reformation der achthäufigste Rufname, nach der Reformation der sechsthäufigste, nimmt also keinen Schaden durch die reformatorische Theologie. Caspar wird auch zu Casper oder als Caspari auch zum Familiennamen.

Kasperle: Als die Dreikönigsspiele im 18./19. Jahrhundert im Zusammenhang mit der Aufklärung aus dem Raum der Kirche ausgegliedert wurden, blieb einer der Heiligen Drei Könige als pfiffiger Held und Freund der Kinder erhalten. Aus dem König Kaspar wurde das Kasperle. Seine Herkunft verrät, wie beim Weihnachtsmann, die Mütze, eine Zipfelmütze, deren Zipfel meist nach vorn hängt und damit die Phrygische Mütze nachbildet.

Kinderbeschenker: An den Kinderbeschenktagen erhalten Kinder ihre Geschenke in der Regel nicht durch Eltern, sondern durch Symbolfiguren: An Nikolaus durch den heiligen Nikolaus, an Martin durch den heiligen Martin oder „die Reichen", an Weihnachten

durch das Christkind oder den Weihnachtsmann, an Ostern durch den Osterhasen usw. In den Ländern, in denen an Dreikönige Kinder beschenkt werden, schenken natürlich die Dreikönige selber oder, in Italien, die Dreikönigshexe BEFANA.

KINDERBESCHENKTAGE: Der älteste nachweisbare Kinderbeschenktag ist in christlicher Zeit das Fest UNSCHULDIGE KINDER am 28. Dezember. Es war verbunden mit dem Kinderbischofsspiel, Knabenbischofsspiel oder – in Klöstern – Kinderabtspiel, ein uralter Brauch in Mitteleuropa. Bereits 867/870, auf dem Konzil von Konstantinopel, wird das „festum puerorum", „festum stultorum", „ludus episcopi puerorum" oder – später – „fêtes des fous" verboten. Seit dem 13. Jahrhundert, mit der aufkommenden Popularität des Nikolaus als Schülerpatron, bürgert sich der 6. Dezember als Festauftakt ein, wobei die gesamte Feier bis zum 28. Dezember dauert. Neben dem Fest Unschuldige Kinder (28. Dezember) und Nikolaus (6. Dezember) bestand seit alter Zeit das Fest des heiligen Martin (11. November). In einigen Gegenden Deutschlands bzw. zu einigen Zeiten erhielten die Kinder auch kleine Geschenke an Barbara (4. Dezember) oder Lucia (13. Dezember). Mancherorts wurden auch nur die Mädchen an diesen Tagen beschenkt. Durch die Reformation wurde das Kinderbeschenken von Nikolaus getrennt und auf Weihnachten verlegt. Neben diesen allgemeinen Terminen hatten Kinder aber Anspruch auf ein kleines Geschenk an ihrem Namenstag, an Kirchweih und am Schlachttag. Während DREIKÖNIGE in Italien, Frankreich und Spanien zu einem Kinderbeschenktag wurde, unterblieb dies in Deutschland.

KINDERMISSIONSWERK: Das mit der Aufklärung untergegangene STERNSINGEN wurde nach dem Zweiten Weltkrieg neu organisiert. In Köln z. B. „befreiten" Lehrer das Sternsingen vom alten Heischegedanken mit nur persönlichen Absichten und stellten eine – meist von älteren Jugendlichen angeleitete – Schar von Kindern unter ein Projekt, für das sie sammelten. Seit 1959 gibt es in Deutschland die bundesweite Aktion DREIKÖNIGSSINGEN, die seit 1961 gemeinsam vom Kindermissionswerk „Die Sternsinger" und dem Bund der Deutschen Katholischen Jugend (Zusammenschluss von etwa 650.000 Kindern und Jugendlichen von acht bis 28 Jahren) verantwortet wird. Rund 3.000 Projekte für Not leidende Kinder weltweit werden jährlich unterstützt: unter anderem Straßenkinder in Südamerika, Kinder in osteuropäischen Krisengebieten und AIDS-Waisen in Afrika. Die jeweils rund 50 Millionen Euro, die in den letzten Jahren für diese Projekte zur Verfügung standen, stammen aus Spenden. Den größten Anteil bringt das jährliche Dreikönigssingen: Er stieg von 14,98 Millionen Euro 1990 auf 33 Millionen Euro in 2004. Seit Gründung sind mehr als 400 Millionen Euro eingenommen und rund 40.000 Projekte gefördert worden. Etwa 12.500 Pfarrgemeinden beteiligen sich in Deutschland. Nur wenig mehr als drei Prozent der Einnahmen werden für Verwaltung und Organisation gebraucht. Eine Initiative, die 1843 in Frankreich begonnen hatte und heute in 115 Ländern der Erde vertreten ist, führte am 2. Februar 1846 in Aachen durch das Mädchen Auguste von Sartorius zur Gründung des Kindermissionswerkes.

KINDERMORD VON BETLEHEM →BETLEHEMITISCHER KINDERMORD

K+M+B → C+M+B

KÖLNER DOM: Am Platz mehrerer Vorgängerbauten wurde am 15. August 1248 der Grundstein für eine gotische Kathedrale gelegt, die als Abbild des Himmels auf Erden ein würdiger Ort für die Gebeine der Heiligen Drei Könige sein sollte. Im 16. Jahrhundert wurde der Bau unvollendet gelassen, weil der Baustil aus der Mode gekommen und das Geld ausgegangen war. Die Preußen vollendeten von 1842

bis 1880 den Dom nach alten Plänen. Der Kölner Dom gilt als das Nonplusultra der Gotik und ist mit bedeutenden Kunstwerken ausgestattet. Mit dem Brandenburger Tor in Berlin ist der Kölner Dom größter touristischer Magnet hier zu Lande.

KÖNIGE, DREI: Die bei Mt 2,1–12 genannten Magier, die als Heiden Christus huldigten und ihm drei symbolische Geschenke überreichten, werden seit dem 5. Jahrhundert als Heilige Drei Könige (nach Ps 72,10) verehrt. Es bilden sich die Namen KASPAR, MELCHIOR und BALTHASAR heraus. Sie werden zu Patronen der deutschen Könige, der Pilger und Reisenden. Der DREIKÖNIGSTAG wurde mit vielen Volksbräuchen verbunden.

KÖNIGIN MARKFETT → BOHNENKÖNIGIN

KÖNIGSBRIEFE → BOHNENFEST

KÖNIGSKERZE: So nennt man in Belgien die meist drei Kerzen, die die Kinder am Festtag auf den Boden stellen, um den KÖNIGSSPRUNG darüber zu tun. Dieser Brauch gehört zu den so genannten Feuersprüngen, die auch an Johannes und bei anderen Gelegenheiten vollzogen werden.

KÖNIGSKUCHEN: Der (Drei-)KÖNIGSKUCHEN diente am DREIKÖNIGSABEND (5. Januar) zur Ermittlung des Bohnenkönigs, der, als König verkleidet, mit gleichfalls verkleideten Gästen das BOHNENFEST feierte. In Spanien heißt der Königskuchen Roscones, in Frankreich GALETTE DU ROI.

KÖNIG, SCHWARZER: Zur christlichen Festkultur gehörte es wie selbstverständlich, dass man ein Fest nicht nur für sich alleine feiern konnte, sondern die Armen und Kinder einbezog. Zu den Festtagen

gehören z. B. Brotspenden wie der Weckmann zu Nikolaus und Martin oder Eier zu Ostern. Am Dreikönigstag wurde auch den Dienstboten ein eigenes Bohnenfest ermöglicht. Dieses Fest hatte den Namen „Schwarzer König“, die Ausstattung an Getränken und Speisen übernahm der Hausherr.

Königssprung → Königskerze

König, Vierter: In der frühchristlichen Ikonographie ist die Zahl der Magier noch nicht standardisiert. Die römische Domitilla-Katakombe zeigt auch ein Beispiel für vier Könige. In der Literatur wird der vierte König zu einem festen Begriff für einen Menschen, der – wie die Heiligen Drei Könige – an die Krippe gelangen will und dafür alle Unbill auf sich nimmt. Dabei erfährt er, dass Gott der ganz Andere ist, der sich von dem finden lässt, der sich demütig und klein macht.

Kreide: Mit gesegneter weißer Kreide wird das Zeichen der Heiligen Drei Könige, verbunden mit der Jahreszahl, von den Sternsingern an die Tür der Besuchten geschrieben. Im „Weiß“ der Kreide schwingt noch die alte magische Funktion des Dämonen abwehrenden Türzeichens mit: Dämonen, so war und ist man überzeugt, können die Farbe Weiß nicht erkennen und „stolpern“ so in ihr eigenes Unglück, das Glück der sich Schützenden. Plötzlich konfrontiert mit einem Geister bannenden Zeichen, müssen sie unverrichteter Dinge abziehen.

Krippe → Weihnachtskrippe

Krippenspiel: Das alte Krippenspiel in der Kirche, wie es im Mittelalter begonnen hatte, bestand aus dem Paradiesspiel, in dem erklärt wurde, warum die Welt erlösungsbedürftig ist, und dem eigentlichen Krippenspiel, in dem die Geburt Jesu und die Huldigung der Hirten gezeigt wurde, also die Geburt des Erlösers. Weil nach legendarisch getragener Meinung der Menschen die Heiligen Drei Könige erst am dreizehnten Tag zur Krippe kamen – dem entspricht übrigens die Zeitspanne vom 24./25. Dezember bis zum 6. Januar–, fand an Epiphanie eine Ergänzung des Krippenspiels statt: das DREIKÖNIGSSPIEL.

LOCHNER, STEPHAN: Der aus Meersburg am Bodensee gebürtige Stephan Lochner (um 1410–1451) gilt als der Hauptmeister der Kölner Malerschule. Vor allem das heute – im Kölner Dom aufgestellte – so genannte „Kölner Dombild", das bis zur Aufklärung in der Ratskapelle des Kölner Rathauses stand, begründete den Ruhm dieses genialen Malers.

LORD OF MISRULE → BOHNENKÖNIG

MAGIER: Das Matthäus-Evangelium nennt Magier, griech. magoi, als erste heidnische Pilger an der Krippe Jesu. So bezeichnete man in dieser Zeit die sternenkundigen Priester der Meder und Perser, die Zoroaster anhingen. Aus ihnen wurden die Heiligen Drei Könige. Das deutsche Wort „Magie" (seit dem 16. Jh.) ist ein Lehnwort des lat. magia, dieses wiederum vom griech. mageia, das mageuein, „zaubern", und magos, „Zauberer", bildet und seinerseits aus dem Persischen entlehnt war. Im Persischen bezeichnet der Begriff einen Priester mit wissenschaftlicher (astronomischer) Ausbildung.

MAGIERSPIELE → DREIKÖNIGSSPIELE

MAILAND: Die italienische Stadt Milano, von den Römern Mediolanum genannt, wurde in vorrömischer Zeit gegründet und liegt in der Lombardei. 774 fiel die Stadt an die Franken. Ihr Selbständigkeitsbestreben im 12. Jahrhundert ließ sie zum Haupt der Gegenpartei des römischen Kaisers werden. 1162 zerstörte FRIEDRICH I. BARBAROSSA die Stadt und schenkte 1164 die dort aufgefundenen RELIQUIEN der Heiligen Drei Könige seinem Kanzler, dem Kölner Erzbischof RAINALD VON DASSEL.

MELCHIOR: Jüngster der Heiligen Drei Könige und Vornehmster. Sein Name bedeutet im Persischen „Gottesschutz". Überwiegend wird er als „Mohr" bezeichnet. Am 6. Januar wurde nicht nur der Gedenktag der Heiligen Drei Könige, sondern zusätzlich der des Melchior begangen. Als Rufname wird Melchior übernommen, ebenso als Familienname (auch: Melcher, Melchers usw.).

MUTSCHELTAG: In Reutlingen in Württemberg heißt so der Donnerstag nach DREIKÖNIGE, weil an ihm Mutscheln gebacken und verschenkt werden. Die jungen Männer schenken ihrer Freundin einen verzierten Mutschelstern aus Mürbeteig. Nahm die Freundin das Geschenk an, so bestätigte sie öffentlich das Bestehen einer Beziehung zu diesem jungen Mann. Weil um dieses Gebäck auch gewürfelt, also gemutschelt wird, hat es diesen Namen angenommen.

MYRRHE: Myrrhe (von lat. murra, myrrha, murrha; entlehnt von griech. myrra; dieses entlehnt vom arab. murra, „Wurzel", vom Wortstamm marru, „bitter sein") ist ein bitter schmeckender, wohlriechender Saft, der aus der Rinde einer Art des Balsambaumes (bes. von Commiphora myrrha) sickert. Beim Trocknen kristallisiert er in Form durchsichtiger Körner von weißlicher bis roter Farbe, die beim Verbrennen Duft erzeugen und als Räucherwerk dienen. In der Antike war Myrrhe als kosmetisches Mittel sehr beliebt, aber auch für medizinische Zwecke. Myrrhe war zugleich aber auch für die Einbalsamierung der Toten notwendig. Die Myrrhe verweist in ihrer Zeichenhaftigkeit durch ihre Bitterkeit und ihre Heilwirkung bei

körperlichen Leiden sowie durch ihren Effekt bei der Leichenkonservierung auf Leiden und Tod, aber auch auf das nachfolgende Leben.

NARRENREICHE → BOHNENKÖNIG

NIKOLAUS VON VERDUN: Goldschmied und Emailmaler aus Lothringen, der um 1181 bis 1205 nachzuweisen ist. Er gilt als der bedeutendste Goldschmied an der Wende von der Romanik zur Gotik. Auf ihn gehen große Teile des Kölner DREIKÖNIGENSCHREINS zurück. Er gilt aber auch u. a. als der Schöpfer des „Verduner Altars" in der Stiftskirche in Klosterneuburg und des Marienschreins der Kathedrale von Tournai.

NEUJAHR: Der Dreikönigstag gilt auch als Hochneujahr oder Großneujahr, also als Tag des Jahresbeginns. Dies ist er in der Tat in verschiedenen Gegenden Deutschlands zu verschiedenen Zeiten auch gewesen. Den 1. Januar als Jahresbeginn hat 46 vor Christus Julius Caesar bei seiner – später so genannten – Julianischen Kalenderreform eingführt. Caesar löste mit dieser Setzung offiziell den 1. März als Jahresbeginn ab, der bei der Revision des römischen Kalenders 153 vor Christus festgelegt worden war. Der 1. Januar war den Christen obsolet, galt als Buchhaltertermin, also bloß als Datum der Rechnungsführung oder nicht einmal das. Erst 1691 hat die katholische Kirche den 1. Januar als Jahresbeginn anerkannt, beginnt ihr Festjahr aber immer mit dem 1. Advent, der in die letzten Tage des November oder den Anfang Dezember fällt.

OBERSTNACHT → RAUHNÄCHTE

ORAKELBRÄUCHE: In der Zeit zwischen den Jahren, wenn Anfang und Ende einer Zeit(-Messung) aufeinandertreffen, ergab sich für unsere Vorfahren die erhoffte Möglichkeit, mit kleinen Tricks in die

Zukunft zu blicken. Hochzeits- und Wetterorakel standen an, mit deren Hilfe man erfahren wollte, wen man zur Frau oder zum Mann bekam und – vor allem – wann endlich. Oder man versuchte herauszufinden, ob im kommenden Jahr eine gute Ernte eingebracht werde.

OSTERBRIEF: Als das 1. Konzil von Nicäa 325 für das ganze Römische Reich einen einheitlichen Ostertermin bestimmte, nämlich den ersten Sonntag nach dem Frühlingsvollmond, wurde die Berechnung dieses Datums – und später auch der von diesem Ostertermin abhängigen, beweglichen Feste – der Kirche von Alexandrien übertragen. Die Alexandriner teilten diese Daten allen anderen Kirchen mit, auch dem Bischof von Rom. Dieser so genannte Oster[fest]brief wurde seit dem 4. Jahrhundert am Hochfest der Erscheinung des Herrn, dem DREIKÖNIGSTAG, nach dem Evangelium in der Kirche verkündet. Bis in die Zeit nach der Einführung gedruckter Kalender behielt man den Brauch in Köln und in Turin bei.

PERCHTENNACHT → RAUHNÄCHTE

PFLUGMONTAG → VERLORENER MONTAG

PHRYGISCHE MÜTZE: Ehe die heiligen Magier zu Königen wurden, ja ehe ihre Zahl definitiv auf drei festgelegt worden war, war ihr Erkennungszeichen die „Phrygische Mütze". Diese spezielle Mütze, die von den Menschen aus Phrygien, Kleinasien, getragen wurde, war das Erkennungszeichen der sternkundigen phrygischen Priester. Als Mütze der „Aufmüpfigen", die sich von „denen da oben" nicht alles gefallen lassen, hat diese Mütze bis in die Gegenwart Karriere gemacht.

PILGERZEICHEN: Da Pilgerschaften meist nicht einer Laune oder Lust entsprachen, sondern oft auch angeordnete Buße oder stellvertretendes Tun waren, bedurfte es eines Beweises, das Ziel erreicht

und seine Pflichten erledigt zu haben. Alle Wallfahrtsorte boten deshalb Medaillen in zahllosen Formen an, die das jeweilige Heiligtum darstellten. Kennzeichen dieser Pilgerzeichen war, dass die Löcher am Rand angebracht hatten, um die Pilgerzeichen auch an den Hut oder Mantel nähen zu können.

Rainald von Dassel → **Dassel, Rainald von**

Rauhnächte → **Zeit zwischen den Jahren**

Reliquiare: Behältnis für die Gebeine von Heiligen oder sekundären Reliquien wie Kleidungsstücke etc.

Reliquien: Die „Überreste“ der Heiligen, das, was sie hinterlassen hatten, als sie starben, galten als „pignora sanctorum“, als Unterpfänder der Heiligen. Man ging von der Wirkmächtigkeit der Reliquien aus, weil man in ihnen die Heiligen real präsent glaubte. Für ihre Aufbewahrung waren die kostbarsten Materialien gerade gut genug.

Roscones → **Königskuchen**

Stern der Sternsinger: Der Stern der Sternsinger, die Nachbildung des Sterns von Betlehem, hat traditionell acht Ecken, weil mit dieser Zahl das Christentum symbolisiert wird: Die Auferstehung geschah nach dem Sabbat, dem siebten Tag. Deshalb sind die alten Taufbecken und mancher Kirchbau achteckig, deshalb bezeichnen wir eine Woche als „acht Tage“. Bei den alten Sternsingern war der Stern so an einem Stock angebracht, dass man ihn drehen konnte. Die Sternsingerlieder hießen so auch Sterndreherlieder.

Sterndreherlieder → **Sternsingerlieder**

STERNSINGER: Zum Schluss der Weihnachtszeit, auf dem alten Weihnachtstermin EPIPHANIE, ziehen als Heilige Drei Könige verkleidete Kinder, angeführt von einem STERN (VON BETLEHEM), und meist mit symbolischen drei Geschenken (GOLD, WEIHRAUCH, MYRRHE) heischend umher und singen. Sie erbetteln Gaben. Der Brauch ist im Alpenländlichen mindestens seit dem 15. Jahrhundert nachzuweisen und breitete sich bis nach Skandinavien aus, um im 19. Jahrhundert wieder auf die Ursprungsgegend zurückzuweichen. Nach dem Zweiten Weltkrieg wurde der Brauch, auch DREIKÖNIGSSINGEN genannt, ab 1958 neu belebt und durch das Päpstliche Kinderhilfswerk (KINDERMISSIONSWERK) organisiert. Die Sternsinger sammeln seitdem für Kinder, die sich nicht selbst helfen können. Jedes Jahr wird ein anderes Schwerpunktland gewählt.

STERNSINGERLIEDER: Zum Brauch des Sternsingens gehören Lieder, in denen sich die als Heilige Drei Könige verkleideten Kinder vorstellen und auf das Ziel ihres Sammelns verweisen. Diese Lieder nannte man früher Sterndreherlieder, weil sich der mitgeführte Stern drehen ließ.

STERN VON BETLEHEM: Eine als Stern wahrgenommene Himmelserscheinung nach Mt 2,2 und 2,9, die den Magiern im Morgenland erschien und sie nach Betlehem führte. Aus astronomischer Sicht sind denkbar: ein Nova-Ausbruch, eine Kometenerscheinung, eine Jupiter-Saturn-Konjunktion im Sternbild Fische im Jahr 7 vor Christus oder eine enge Begegnung des Jupiters mit der Venus am 17. Juni 2 vor Christus.

TAUFNACHT: Das Fest EPIPHANIE beinhaltete früher die Taufe Jesu, das Wunder zu Kana und die Anbetung der Magier. Das Gedächtnis der Taufe Jesu im fließenden Wasser des Jordan hatte zur Folge, dass nicht nur bei der Taufe Wasser fließen (z. B. durch Übergießen oder

Untertauchen), sondern auch das DREIKÖNIGSWASSER aus fließendem Wasser geschöpft sein muss. Als Taufnacht gilt DREIKÖNIGE in der Orthodoxie, weil in ihr das Taufversprechen erneuert wird, indem man z. B. in fließendes Wasser springt.

TRANSLATION: Den Gedächtnistag der Heiligen feiert man in der Regel am Tag ihres Todes, dem Geburtstag ihrer Heiligkeit. Neben diesem Fest wird vielfach bei Heiligen, die nicht in der Stadt ihrer Verehrung gestorben sind, der Tag, an dem sie feierlich „eingeholt" wurden, begangen. Bei den Heiligen Drei Königen war dies der 23. Juli. Dieser Tag ihrer Translation wurde als Translationsfest gefeiert.

TÜRKREUZ: Die Türschwelle bezeichnet den Übergang von „öffentlich" zu „privat". Der private Bereich hatte immer besondere Rechte, die bis in unsere Zeit eigens geschützt sind. Das Böse fühlt sich aber nicht an Gesetze gebunden, weshalb unsere Vorfahren nach Wegen suchten, es „vor der Tür" zu halten. Apotropäische Zeichen in vorchristlicher Zeit kann man in dem christlichen Brauch entdecken, zu EPIPHANIE – also für das kommende Jahr – über der Tür, am Türkreuz, mit weißer KREIDE das Dämonen abwehrende Zeichen der Heiligen Drei Könige anzubringen.

UNSCHULDIGE KINDER → BETLEHEMITISCHER KINDERMORD

VERLORENER MONTAG: In den Niederlanden Bezeichnung für den Montag (auch: verkorener oder verschworener Montag) nach dem ersten EPIPHANIE-Sonntag: Es war der Tag für den Kehraus nach Weihnachten, Neujahr und DREIKÖNIGE, ein Aufräumtag. Vor allem in England war es üblich, am Montag nach Epiphanie, dem Montag nach dem 6. Januar (engl. „Ploughmonday", Pflugmontag), einen Pflug durch das Dorf zu tragen. Dadurch wurde der Beginn des Frühjahrs und des damit verbundenen Arbeitens versinnbildlicht:

Das bäuerliche Arbeitsgerät musste überprüft und eventuell instandgesetzt werden. Oft wurde dieser Tag mit einem Dorffest beschlossen, bei dem der Bohnenkönig und die Bohnenkönigin Ehrenplätze einnahmen und den Tanz eröffneten.

WASSERWEIHE → DREIKÖNIGSWASSER

WEIHNACHTEN, KLEINE → EPIPHANIE

WEIHNACHTSKRIPPE: Bezeichnung für das gesamte statische Szenario der Geburtsdarstellung, zu der die eigentliche Krippe, in die der Neugeborene gebettet wird, gehört. „Ihr werdet ein Kind finden, das, in Windeln gewickelt, in einer Krippe liegt" (Lk 2,12), sprach der Engel des Herrn zu den Hirten. Und weil die (Futter-)Krippe meist in einem Stall steht, galt in der westlichen lateinischen Kirche: Jesus wurde in einem Stall geboren. Die Ostkirche dagegen – und mit ihr die außerbiblische Tradition – nahm den Geburtsort Christi in einer Höhle an, wie sie von Hirten und Herden im heiligen Land bei Schlechtwetter aufgesucht wurde. Origenes (185–254) gab an, jeder in Betlehem könne die Höhle und die Krippe zeigen, in der Christus geboren sei und gelegen habe. Kaiserin HELENA ließ 335 über dieser Höhle eine Kirche errichten, für deren Kuppel 386 der heilige Hieronymus den Auftrag gab, die Geschichte der Geburt Christi zu malen. Entsprechend der biblischen Erzählung tauchen in der heute in Kirchen und Privathäusern stehenden Krippe die Heiligen Drei Könige am 6. Januar auf. Zuvor stehen sie entfernt, um anzuzeigen, dass sie erst noch auf dem Weg zur Krippe sind.

WEIHRAUCH: Weihrauch (arab.-mittellat. olibanum; ahd. wihrouh, „heiliger Rauch"; Parallelbildung zu Weihwasser) besteht aus dem Harz zweier Arten des südarabischen Boswelliabaumes, das – kristallisiert – als gelblich, schwach durchsichtige Körner – verbrannt

wird. Weihrauch als Geschenk der Magier verweist auf die Göttlichkeit des Beschenkten. Weihrauch gilt als Gottesduft. Ihm schrieb man geheime Kraft, apotropäische Wirkung zu sowie die Fähigkeit, Verbindung mit göttlichen Menschen herzustellen. Im Christentum wird der Weihrauch zum Symbol für Christus. Christus selbst ist das Weihrauchgefäß, das „allen überweltlichen und alles Kreatürliche übertreffenden Duft in sich trägt und mit ihm das All erfüllt" (Cyrill von Alexandrien, De adoratione X).

Wevelinghoven, Florentius von: Der Kölner Chorbischof und nachmalige Bischof von Münster (1364–1376) und Utrecht (1376–1393) Florentius (Florenz) von Wevelinghoven (um 1330–1393) hat bei Johannes von Hildesheim die Abfassung einer Dreikönigslegende für das Jahr 1364 in Auftrag gegeben. Dieser veröffentliche die lateinische Dreikönigslegende unter dem Titel „Historia Trium Regum".

Zeit zwischen den Jahren: Bezeichnung für die Perchtennächte, die Rauhnächte, die Zwölf Nächte, die Zwölften oder das Dodekahemeron der Orthodoxie zwischen Weihnachten und Epiphanie, dem 25. Dezember und dem 6. Januar. Rauhnächte hieß diese Zeit, weil in ihnen geräuchert wurde: Der Bauer räucherte Haus und Hof, um sich dem Heiligen zu unterstellen und alle böse Gefahr abzuwehren. Perchtennächte waren es, weil in dieser Zeit die Dämonen tobten. 567 erkannte die Synode von Tours die zwölf Tage als Festzeit an, weil sie das neue und das alte Weihnachtsfest, den neuen (25. Dezember) und den alten Neujahrstag (6. Januar), miteinander verbanden.

Zwölf Nächte → **Rauhnächte**

Zwölften → **Zeit zwischen den Jahren**

Sternsinger
Gemaälde
Jan Steen, 17. Jahrhundert
Privatbesitz

Das Brauchtum um die Heiligen Drei Könige

Ein Indiz für die Inkulturation von Heiligen ist die Verbreitung ihrer Namen als Ruf- und Familiennamen. Kaspar (im Mittelalter war Jaspar geläufiger, ein Begriff, der vom Französischen ins Niederrheinische und Kölnische eingedrungen war), Melchior und Balthasar breiteten sich als Namen ab dem 13./14. Jahrhundert aus. Sie werden nicht nur in Vollform und in zahlreichen Kürzeln als Vornamen übernommen, sie bilden auch Familiennamen nicht nur im deutschsprachigen Teil Europas, sondern bis in das slawische und litauische Sprachgebiet:

Aus Kaspar wird auch Kasper, Casper, Caspari, Caspers, aber auch Gaspar, Gaspari, Gasper, Jasper und Kasparek, Kasperek, Kasperski, Kasprzyk, Kasparowicz und Kaspareit.

Melchior bildet Melcher, Mellicher, Melchers und Melchert. Immerhin gab es einen Kölner Erzbischof mit einem solchen Namen: Paulus Melchers (1866–1885), der zweite Kölner Kardinalerzbischof, der – im Kampf gegen die preußische Kirchenpolitik – fünf Monate im Gefängnis verbrachte und fast zehn Jahre das Erzbistum Köln von Maastricht aus leitete.

Balthasar bringt hervor: Baldas, Baldus, Baldis, Baldzuhn, Balz, Bälz, Balzel, Balzer, Baltrusch(at), Baltruweit, Baltr(us)at(is), Baltus, Bal(t)zer, Batrus, Palczar.

Die tiefe Volksverbundenheit der Heiligen Drei Könige zeigt sich in dem über Jahrhunderte entstandenen Brauchtum, von dem manche Menschen nur noch das Sternsingen zu kennen scheinen. Nachfolgend stehen erst das liturgienahe Brauchtum, dann das volksfromme Brauchtum und schließlich das Bohnenfest und die benachbarten geistlichen Narrenfeste im Mittelpunkt.

Johannes von Hildesheim (um 1310/20–1375) hat für seine phantasievollen Beschreibungen von Dreikönigsumgängen in Köln, gespiegelt durch angeblich indische Augen (vgl. Kapitel „Quellen"), möglicherweise Kölner Verhältnisse zum Vorbild genommen. Rainald von Dassel hatte im 12. Jahrhundert jährlich zehn Mark zur Feier der

Sternsinger im Kölner Dom

Prozessionsfahne

Epiphanie in Köln gestiftet. Als Könige verkleidet stellten drei Personen die Anbetung der Heiligen Drei Könige dar, ihnen voraus wurde der Stern von Betlehem getragen. Bei dieser Art des liturgienahen Brauchtums versammelten sich alle Kölner Kleriker in der Kathedrale, städtische Repräsentanten trugen die Dreikönigsreliquien, die Eucharistiefeier fand „cum leticia magna" statt.
Diese Prozession und die stimmungsvolle Messe hatten schon etwas vom Dreikönigsspiel, das ab dem 13. Jahrhundert aufkam und nach der Prozession und vor der Messe in den Kirchen stattfand. Gespielt wurde der Zug der Könige unter der Führung des Sterns, die Begegnung mit Herodes, die Weiterreise nach Betlehem, die Anbetung an der Krippe und der Traum der Magier, in dem ihnen ein Engel einen Weg nach Hause wies, ohne Herodes erneut begegnen zu müssen. Die ältesten Dreikönigsspiele sollen aus dem 11. Jahrhundert stammen.
Eine ganz besondere Prozessionsform gab es in Köln in Fällen größter Not. Mit einer logistischen Glanzleistung zogen die Stiftskleriker und der übrige Klerus von jeweils unterschiedlichen Ausgangsorten zum Dom. Dabei begleiteten sie je einen der Kölner Reliquienschreine. Mit der „geballten Macht" aller um die Heiligen Drei Könige versammelten Kölner Heiligen beteten die Kölner um Gnade und Hilfe.
Das Benediktionale von 1978, das liturgische Handbuch der Segnungen, macht auf die drei Aspekte des Dreikönigsfestes bzw. des Festes Epiphanie aufmerksam: „Heute führte der Stern die Weisen zum neugeborenen König. Heute wurde bei der Hochzeit Wasser zu Wein. Heute wurde im Jordan Christus von Johannes getauft, uns zum Heil." Anknüpfend daran, dass Jesus in fließendem Wasser getauft wurde, berichtete Johannes Chrysostomus (um 354–407) über den Dreikönigstag: „Die Leute bringen um Mitternacht dieses Festes Wasser in Krügen, das sie geschöpft haben, nach Hause und bewahren es das ganze Jahr auf, weil heute dieses Wasser geheiligt

ist." Dies geschah in Erinnerung an die Taufe Jesu im Jordan. Einer wundergläubigen Zeit entspringt der zweite Teil der Mitteilung: „Es geschieht ein offenbares Wunder, da dieses Wasser trotz der Länge der Zeit, oft zwei und drei Jahre lang, unverdorben und frisch bleibt und trotz so langer Zeit mit dem erst jüngst geschöpften Wasser durchaus wetteifern kann." Neben dem Wasser der Osternacht, dem Osterwasser, hat das Dreikönigswasser in der Volksgläubigkeit den Rang „hochgeweihten" Wassers. Mit einem Gefäß, das nur diesem Zweck diente, transportierte man das Wasser, das ursprünglich wohl nur in fließenden Gewässern geschöpft wurde, später zur Segnung in die Kirche und dann nach Hause. In der Kirche hatte der Priester bei seinem Segen u. a. gesagt: „Segne dieses Wasser mit der Kraft des Heiligen Geistes. Lass es Menschen, die es in der Wohnung aussprengen, zum Zeichen deiner Macht und Nähe werden."

Das gegenwärtige Benediktionale (vom Jahr 2002) formuliert: „Die Segnungen am Epiphaniefest sollen sichtbar machen, dass die Menschwerdung Jesu in den Alltag hineinwirkt. Der Ursprung des Epihaniefestes liegt im Osten, wo an diesem Tag zum Gedächtnis der Epiphanie bei der Taufe Jesu die Taufwasserweihe und die Segnung der Flüsse stattfinden."

Vor dem Hintergrund, dass – wie einst bei Jesus der Jordan – fliessendes Wasser für das Dreikönigswasser Voraussetzung ist, muss auch der orthodoxe Brauch gesehen werden, wonach man am Dreikönigsabend in das um diese Jahreszeit unter Eis erst frei zu legende fließende Wasser springt und ruft: „Mütterchen Quellwasser, reinige mich von Sünden und Leiden." Was für die einen ein religiöser Brauch, ist für andere bloß ein eiskalter Jux oder eine kühle Mutprobe. Das Eisloch wird in Kreuzform gehackt oder mit Kerzen, Staatsfahnen und Ikonen umstellt. Die einen überstehen den Kälteschock durch vorheriges Aufheizen in einem Dampfbad, die anderen durch größere Mengen Wodka oder – angeblich – geweihtes Wasser (natürlich ohne Alkohol).

Nach altem Brauch werden im katholischen Deutschland am Epiphaniefest die Häuser gesegnet, oft in Verbindung mit dem Besuch der Sternsinger. Auf den Türsturz zeichnet man mit der geweihten Kreide das jahresbezogene Zeichen 20*C+M+B*05. CMB bezeichnet einerseits die Heiligen Drei Könige Kaspar, Melchior und Balthasar, andererseits deutet man es auch als „Christus Mansionem Benedicat" – „Christus segne dieses Haus". Zur Haussegnung zieht man betend mit brennendem Weihrauch durch die Räume. Der emporsteigende Weihrauch ist Symbol für das Gebet, das wie der Weihrauch zu Gott emporsteigen soll, um dort Gottes Wohlgefallen zu erregen. Das geweihte Wasser soll alles segnen und abwaschen, was uns von Gott entfernen könnte. Bis vor dem Zweiten Weltkrieg zeichneten am Dreikönigsabend der Hausvater, ein Geistlicher oder der gewählte Bohnenkönig am Türsturz von Wohnhäusern, Scheunen und Ställen, an einzelnen Räumen und sogar an Kirchen das Dreikönigszeichen an. Von der Nachkriegszeit an vollzogen die Sternsinger dieses Ritual.
Nach altem Volksglauben hat die weiße Kreide, mit der die Haustür bezeichnet wird, apotropäische Funktion. Alles Weiße ist den Dämonen nicht sichtbar, und deshalb „trifft" sie der Segen um so heftiger, weil sie die Gefahr vorher nicht erkannt haben.
Nahezu überall werden Kreide und Weihrauch geweiht. Zur Kreideweihe spricht der Priester: „Gütiger Gott, segne [...] diese Kreide, mit der wir das Zeichen des Kreuzes über den Eingang unserer Häuser (Wohnungen) setzen. Lass uns nicht vergessen, dass unser ganzes Leben dem gehört, der uns in diesem Zeichen erlöst hat."
Und bei der Segnung des Weihrauchs betet der Geistliche: „Herr, unser Gott, segne [...] diesen Weihrauch, den wir im Gedenken an die Gaben der Weisen aus dem Morgenland entzünden werden. Mache ihn zum Zeichen deines Segens, wenn er unsere Häuser durchdringt, und mache unsere Wohnungen zu einem Ort der Brüderlichkeit und des Friedens."
Der Priester segnet am Dreikönigstag das Dreikönigswasser und –

Aussendungsfeier der Sternsinger im Hohen Dom zu Köln

wo es noch üblich ist – das Dreikönigssalz. Das Wasser soll an das Wasser der Taufe erinnern, das Sünden abwäscht, das Salz wiederum kann schal gewordenem Wasser Kraft zurückgeben.

Das *volksfromme Brauchtum* zeigt, dass unsere Vorfahren die Macht der Heiligen Drei Könige außerordentlich hoch geschätzt haben. Sie unterstellten den drei Magiern, Schutz zu verleihen und Unglück abwehren zu können. Am Niederrhein schrieb man das Dreikönigszeichen auch auf Papier und heftete es an die Tür oder man nahm dazu den so genannten Dreikönigszettel her. In Norddeutschland hat sich die Begründung für dieses Tun in der Redeweise erhalten, „denn sie lassen nicht ein, was quad ist", d. h. das Dreikönigszeichen weist die Dämonen ab.
Im Laufe der langen Brauchgeschichte war auch das Räuchern von Haus und Hof am Dreikönigstag eine feststehende Größe und – natürlich – nicht immer frei von Aberglauben. Die Segnung der Räume sollte sie nach zeitgenössischen Auffassungen auch gegen die Dämonen, Verhexung und schlechtes Wetter schützen. Dem Weihrauch mischte man deshalb Kräuter bei, die als dämonenabwehrend galten, z. B. Raute oder Wacholder, Kräuter vom am Tage Mariä Himmelfahrt geweihten Strauß, ein Stückchen der Osterkerze oder von einer an Lichtmess geweihten Kerze.
Besonderen Schutz erhoffte man von den Dreikönigen gegen die Gefahren des Feuers – in Zeiten hölzerner Bauwerke eine ständige Bedrohung. Gegen die Feuersgefahr wurde das Dreikönigszeichen angebracht, die Dreikönige als Schutzheilige gegen das Feuer angerufen. Angerufen wurden die Heiligen Drei Könige auch, um die Feldfrüchte zu schützen. In Teilen der Steiermark wurden am Dreikönigsabend aus dem am letzten Palmsonntag geweihten Palmholz kleine Kreuze gefertigt, in die Fensterrahmen des Hauses und größere Kreuze auf die Felder als Schutz gegen Hagel gesteckt. Anderntags wurden die Feldkreuze noch mit Weihwasser besprengt. Im Böhmer-

Vorsängerstab
Anbetung der Könige
Köln, um 1350/60
Domschatzkammer Köln

wald war das „Schaupbrennen“ üblich, das Getreide gegen Hagel, Reif und Mehltau schützen sollte. Auf das Getreidefeld stellte man ein Tannen- oder Föhrenbäumchen auf und befestigte rings herum gedroschenes Kornstroh (= Schaup) mit Bändern. Der Anzünder umkreist das Bäumchen und sprach bei der ersten Runde: „König Kaspar“, bei der zweiten: „König Balthasar“ und bei der dritten: „König Melchior! Ich hab' euch alle drei genennt, damit uns das Korn nicht verbrennt.“ Während er das Feuer mit Weihwasser besprengt, spricht er: „Im Namen des Vaters und des Sohnes und des Heiligen Geistes. Amen.“
Zur Abwehr der Dämonen veranstaltete man in Süddeutschland das Perchtenlaufen, das heute aus touristischen Zwecken künstlich am Leben gehalten wird. Die Percht (auch: Frau Bert, Berschtl, Eisenberta o. ä.) zieht nach dem Volksglauben in den Zwölf Nächten, besonders aber in der Dreikönigsnacht, die auch Oberstnacht oder Perchtennacht heißt, als böser Dämon umher und richtet auf Haus und Feld Schaden an. Um sie und die sie begleitenden Geister zu vertreiben und damit Schaden abzuwehren, verkleiden sich junge Männer als Perchtenläufer und toben wild lärmend einher.
Auch zur Abwehr gegen böse Wetter wie Blitz, Wolkenbruch und Hagel versicherte man sich der Hilfe der Heiligen Drei Könige. Unfehlbar war die Wirkung von „Wetterglocken“, die man gegen Donnerwetter, Blitz und Hagel läutete. Weil nach mittelalterlichem Denken Gleiches gegen Gleiches hilft, musste natürlich eine Glocke, die laut klingt und die aus glühendem Metall gegossen war, gegen den lauten Donner und den gleißenden Blitz wirksam sein. Wenn dann noch die Heiligen Drei Könige Glockenpatrone waren, war die positive Wirkung der Glocke nahezu unfehlbar. Einen noch stärkeren Effekt konnte man dadurch erzielen, dass man ein Wallfahrtszeichen der Heiligen Drei Könige aus Köln beim Guss einer Glocke auf die Glockenaußenwand anbrachte. Gegen Hagel und Ungewitter wurden die drei Magier nach dem „Martyrologium Mediolanense“

von 1695 angerufen. Und in Altbayern heißt es am Schluss eines Dreikönigenliedes: „Soweit dieser Hall klingt, daß's nöt schauert und nöt brinnt."

Liegt es daran, dass die pilgernden Magier nichts darüber mitgeteilt haben, dass sie störrische Reittiere hatten? Offensichtlich waren unsere Vorfahren sich auch darin sicher, dass die Heiligen aus dem Morgenland auf störrische, widerspenstige, entlaufene oder einzufangende Tiere eine besondere Wirkung hatten. Aus dem 16./17. Jahrhundert ist überliefert: „Das ein pferdt stehen mus, wenn mans beschlagen will. So sprich diese wordt dem pferde in das rechte ohre:

Caspar, der fache dich,
Balthasar, der bynde dich,
und Melchior, der fiere dich."

Mit diesem Spruch brachte man nicht nur nervöse Pferde zum Stillstehen, sondern zwang Pferde, Hunde oder anderes Getier, einem nachzulaufen.
In einer Zeit, die Krankheit noch als Strafe ansah und keine naturwissenschaftliche Erklärung für das Auftreten von Krankheiten und deshalb auch keine Mittel zum Heilen kannte, waren die Heiligen die einzigen Kräfte, denen man vorbeugende, mildernde und beseitigende Kräfte zutraute. Die Heiligen Drei Könige galten seit alten Zeiten als besonders wirkmächtig gegen Fallsucht und Epilepsie (morbus caducus). Der wohl dem 11. Jahrhundert zuzuschreibende Dreikönigssegen Bedas lautet:

Gaspar fert myrrham, tus Melchior, Balthasar aurum,
haec tria qui secum portabit nomina regum,
solvitur a morbo Christi pietate caduco.

Dieser Dreikönigssegen gegen Fallsucht taucht seit dem 15. Jahrhundert in verschiedenen Varianten immer wieder in den so genannten Himmelsbriefen oder anderen Traktaten der Zaubererliteratur auf. Noch um die Mitte des 19. Jahrhunderts kann ein Buch das alte „Rezept" liefern: „Wider die fallende Sucht oder schwere Not hilft ein Zettel angehenkt am heil. Dreikönigstag, darauf geschrieben stehet: Caspar fert Myrrham . . ." (J. Scheible: Das Schaltjahr. Stuttgart 1846/47, I, S. 545).
Was gegen Fallsucht und Epilepsie half, konnte auch bei anderen Krankheiten nicht schlecht sein, dachten sich die Menschen früher wohl und nahmen die Heiligen Drei Könige in Anspruch beim Biss tollwütiger Hunde, gegen Fieber, Zahnschmerzen, ja, sogar zur Entdeckung von Dieben. Die Menschen hofften auch, dass die unter Frais gefassten Kinderkrankheiten (z. B. Krämpfe, Gliederzucken, Augenverdrehen und Kopfgrind) mit den Heiligen Drei Königen zu heilen waren. Gegen diese Krankheiten trug man „Fraisketten", auf denen die heiligen Magier erwähnt waren. Auch auf den Krampfringen, gedrechselten oder geschnitzten Halsringen aus Steinbockhorn, gab es Eingravierungen mit den Dreikönigszeichen. Metallene Ringe dieser Art wurden in Süddeutschland noch nach dem Ersten Weltkrieg verkauft.
In Frankreich – und wahrscheinlich nicht nur dort – reichte der Glaube an das magische Wirken der Dreikönige noch weiter. Zum Ende des 17. Jahrhunderts wird berichtet, dass die Heiligen Drei Könige gegen Kopfschmerzen, Fieber, Verhexung, Zauberei, Reisegefahren und den plötzlichen Tod angerufen wurden. Man schützte sich gegen diese Bedrängnisse dadurch, dass man ein Bild der anbetenden Könige bei sich trug, das die Inschrift enthielt: „Sancti tres reges, Gaspar, Melchior, Balthasar, orate pro nobis nunc et in hora mortis nostrae."

Wer solche Reichtümer wie die Heiligen Drei Könige besaß, wusste wohl auch den Weg zu ihnen, haben sich einige unserer Ahnen

schlau gedacht und deshalb die Drei als besondere Helfer bei der Gewinnung und Anwendung der Wünschelrute verwendet. In einschlägigen Beschwörungsformeln werden sie deshalb bei der Suche nach Gold angerufen. Wollte man mit einer Wünschelrute Gold finden, „taufte" man sie auf den Namen Kaspar, Melchior, wenn sie zum Wasser führen, Balthasar, wenn sie Silber entdecken sollte.

Als Reisepatrone sind die weit gereisten Heiligen Drei Könige geradezu prädestiniert. Seit dem Mittelalter werden sie in nahezu allen Reisesegen angerufen. Im 12. Jahrhundert wird jemand angewiesen, drei Vaterunser zu beten zu „den drin koningen daz er gesunt wider come, vnd allez sind gesinde gesund vinde". Wenigstens in Frankreich war es üblich, am Mittwoch des Dezember-Quatembers eine Messe „von der Abreise der drei Weisen" für die Reisenden zu feiern, „Messe d'or" genannt. In alten Missalen finden sich für diese Messen eigene Formulare. Manch einer glaubte, schneller und mit geringerer Ermüdung zu reisen, wenn er einen Reisesegen der Heiligen Drei Könige in schriftlicher Form im Schuh oder in den Kniekehlen trug.
Reisesegen, in deren Formeln die Heiligen Drei Könige eingebunden waren, gab es zuhauf. Sie lauten z. B.:

„Jesus, Maria und Joseph sei vor,
Kaspar, Melcher und Balthasar sei hinter mir,
die heiligste Dreifaltigkeit sei ob mir."

Ein längerer Reisesegen aus dem Böhmerwald, bei dem Gott selbst und die Heiligen wie Bodyguards eingesetzt werden, lautet (in Auszügen):

„Ich trete über das Geschwell,
Jesus + Maria + Josef + die heiligen 3 Könige

Heilige drey Könige
Caſpar/Melchior/Balthaſar/
Bittet für uns jezt und in der Stund
unſeres Todts.
Diß an die Häupter und Reliquien der HH.
drey Königen in Cöllen angeſtrichenes Brieff-
lein iſt gut für alle Reißgefahren/Hauptweh/
fallende Kranckheit/ Fieber/ Zauberey und
jähen Todt/ durch einen veſten Glauben.

Kaspar + Melchior + Balthasar sein meine Weggesell'n.
…
Jesus + Maria + Joseph + Kaspar + Melchior + Balthasar,
stehet mir bei in all meinem Thun,
in Handel und Wandel,
in Gehen und Stehen,
es sei auf dem Wasser oder zu Land,
vor Feuer und Brand,
die wollen mich bewahren mit ihrer starken Hand.
…
Die heilige Dreifaltigkeit sei ober mir,
Jesus, Maria, Joseph sei vor mir,
Kaspar, Melchior, Balthasar sei hinter mir"

Das relativ häufige Vorkommen von Gaststättennamen wie „Zum Mohr", „Zum Stern", „Zur Krone", „Zu den Kronen" und „Dreikönige" oder „Zu den Heiligen Dreikönigen" kann auf ein Hospiz oder ein Gasthaus an gleicher Stelle zurückzuführen sein, das an einem Wallfahrtweg stand, der nicht einmal nach Köln führen musste, denn die Heiligen Drei Könige waren als Reisepatrone für alle Wege zuständig. Das Reisepatronat hat auch dazu geführt, diese Heiligen für eine gute Sterbestunde anzurufen und sie zu bitten, einen Menschen vor einem plötzlichen Tod zu bewahren. Was sich heute die meisten Menschen wünschen, plötzlich, im Schlaf und ohne Schmerzen zu sterben, war für unsere Vorfahren das größte Fiasko. Der Tod wollte vorbereitet sein, nicht nur durch die Regelung der privaten Angelegenheiten, sondern auch durch „Seelenhygiene", also durch Beichte, Sündenvergebung, Reue und die Krankensalbung, die damals noch Sterbesakrament oder Letzte Ölung genannt wurde.

Die starke Hoffnung auf die Wirkmächtigkeit der heiligen Magier, die historisch an der Spitze aller Heiligen stehen, hat dazu geführt,

Viele Gaststättennamen weisen auf einen Wallfahrtweg hin.

dass sie in nahezu allen Gefahren für Seele und Leib angerufen wurden. Die zu diesem Zweck geschriebenen und gedruckten Gebete lassen sich verschiedenen Gruppen zuordnen wie z. B. Schutzbriefen, Himmelsbriefen, Haus-, Flur- und Reisesegen. Die exakte Trennung zwischen – auch damals – akzeptablen religiösen Gebeten und magischem Einsatz derselben ist nicht immer möglich. Wer Gebete dieser Art wie ein Talisman oder Amulett um den Hals trug, die ihm Unverwundbarkeit und freie Passage auf allen Wegen versprachen, und das Gebet mehr als Beschwörungsformel denn als Bitte vollzog, war auch schon im Mittelalter auf dem falschen Weg.

Zu dieser Gattung der Gebete gehören auch die „Dreikönigszettel“, die sich in ganz Europa erhalten haben. Gebete auf solchen Zetteln lauten wie der folgende Text:

Im Namen Jesu stehe ich heute auf
und neige mich von ganzem Herzen zu meinem Gott;
die Heiligen Drei Könige
Kaspar, Melchior und Balthasar
seien meine Weggesellen.
Gehe ich in meinem Hause aus oder ein,
so sei der Himmel meine Beschützung.
Der Stern der Heiligen Drei Könige führe mich auf die rechte Straße;
alle, welche mir begegnen,
sollen mir keine schädlichen Feinde,
sondern aufrichtige, gute Freunde sein.
Kaspar, Melchior und Balthasar stehen mir bei
in allen meinen Unternehmungen,
Thun und Lassen,
Handel und Wandel,
Gehen und Stehen,
zu Wasser und zu Land;

Dreikönigszettel
Köln, 18. Jahrhundert

Neujahrsbild,
Kupferstich,
Johann Michael Soeckler
18. Jahrhundert

---

sie wollen mich vor Unglück,
Feuer und Wasser
Und vor Allem, was dem Leibe und der Seele schädlich sein mag,
mit ihrem mächtigen Beistande
allzeit behüten und bewahren!
Gott dem Vater ergebe ich mich,
in Gott dem Sohne empfehle ich mich,
in Gott dem heiligen Geist versenke ich mich.
Die heiligste Dreifaltigkeit sei ober mir,
Kaspar, Melchior, Balthasar seien bei und neben mir;
Diese bewahren mich,
mein Haus und alles, was ich habe
jetzt und allezeit.

Manche dieser Dreikönigszettel geben sich quasi autorisiert, wenn sie den Aufdruck zeigen: „Gebet, so zu Cölln am Rhein in der Domkirche mit goldenen Buchstaben geschrieben und aufbewahrt wird." In gleicher Funktion wie die Dreikönigszettel traten seit dem 14. Jahrhundert „Dreikönigsmedaillen" auf, die als Talismane gegen alle Gefahren der Seele und des Leibes getragen wurden. Noch 1866 sollen die österreichischen Soldaten im Deutschen Krieg achteckige (!) Medaillen mit der Inschrift „Heilige Drei Könige Caspar, Melchior, Balthasar bittet für uns jetzt und in der Sterbestunde" bei sich getragen haben.
Einige der Dreikönigszettel haben in der Volksfrömmigkeit eine besondere Rolle gespielt: Meist waren die drei Buchstaben C+M+B überproportional groß gedruckt und eine Grafik zeigte die Anbetung der Heiligen Drei Könige bzw. ihr Mausoleum im Kölner Dom. Die Zettel waren immer mit einer Jahreszahl versehen, wobei oft nur die beiden ersten Zahlen gedruckt waren, die beiden letzten handschriftlich hinzugefügt wurden. Die Druckplatte ließ sich so immer bis zum Ende eines Jahrhunderts benutzen (ähnlich bei guss-

eisernen Ofenplatten). Dreikönigszettel dieses Typs existieren in unüberschaubarer Fülle und zahllosen Variationen von Skandinavien bis zum Mittelmeer. Diese Dreikönigszettel konnte man im Kölner Dom erwerben. Sie galten oft als Berührungsreliquien, weil sie an das Dreikönigsmausoleum gehalten worden waren und somit die heilige Kraft der Magier besaßen.
Ehe man sich zu Neujahr Glücksklee und rosa Schweinchen aus Marzipan verehrte, war es in Gebrauch, sich „Glückssterne" zu schenken. Natürlich stand darauf das Namenskürzel C+M+B und Abkürzungen für die Namen Jesus, Maria und Josef. Unschwer ist die Funktion der Glückssterne zu erkennen. Ein Mirakelbüchlein von den Heiligen Drei Königen, 1722 erneut aufgelegt, erläutert: „Von Hex- und Zaubereyen, deren seind wol tausendmal durch dergleichen Bilder oder Pfenningen vertrieben und verhindert worden. Also wirst du mit diesen [Dreikönigs-] Bildern auf Otteren und Basilisken gehen und zertrennen Löwen und Drachen, nämlich Zauberer und deren Unholden und Nachstellungen. (Cöllen zu bekommen in der Mutter Gottes Capellen im Hohen Thumb. Güldenes Handbüchlein.)"
Vielleicht nicht nur in Frankreich galt König Balthasar (warum nur er, ist unbekannt) als Patron der Spielkartenfabrikanten, vielleicht wegen der Darstellung von Königen auf den Blättern. Gleichfalls als Patron der Holzsäger kommt dieser König vor, wofür es bislang ebenfalls keine einleuchtende Erklärung gibt.

Dreikönigen-Pfennig
18. Jahrhundert

Das *Bohnenfest*, das zum Typ der Narrenfeste gehört, hat römische und orientalische Vorbilder. Möglicherweise geht das Bohnenfest auf ein Festbrauchtum zurück, das die Kirche heute am 2. Januar feiert. Die lateinische Kirche begeht das Gedächtnis des heiligen Kirchenvaters Basilius; die griechische Kirche feiert ihn schon einen Tag zuvor. Basilius, um 330 in Cäsarea, dem heutigen Kayseri in der Türkei, geboren und am 1. Januar 379 verstorben, war Erzbischof in seiner Heimatstadt. Er trat als Bekämpfer des Arianismus und Garant des Zusammenhalts unter den Bischöfen hervor und gilt als der größte der „drei Kappadokier", zu denen noch sein leiblicher Bruder Gregor von Nyssa und Gregor von Nazianz zählen. Basilius wird auch als der Vater des östlichen Mönchslebens bezeichnet. In weiten Teilen des Geltungsbereichs der Ostkirche erhalten die Kinder am Festtag des hl. Basilius statt an Weihnachten Geschenke. In das griechische Neujahrsbrot wird eine Gold- oder Silbermünze eingebacken, die dem Finder im neuen Jahr Glück bringen soll. Hier könnte ein Vorbild für den (Drei-)Königskuchen liegen.

Der in weiten Teilen Europas verbreitete Brauch, im Königskuchen eine Bohne zu verstecken, war im Mittelalter Kern des Königsspiels am Vorabend von Dreikönige (auch: Bohnenfest, [Drei-]Königsfest, Freudenkönig, Narrenkönig, Schwarzer König). In England trat dabei der Lord of Misrule zusammen mit der Königin Markfett auf. Der Finder der Bohne wurde zum König des Festes, zum Bohnenkönig oder Narrenkönig, ernannt. Er musste zu einem späteren Zeitpunkt ein Fest ausrichten und sich dabei einen Hofstaat zulegen. Vor allem durfte er eine Krone tragen, wie es Gemälde des 17. Jahrhunderts zeigen. Sobald er zum Glas griff, riefen alle Gäste: „Der König trinkt!" – und tranken mit. Dieses „Reich auf Zeit" des närrischen Bohnenkönigs mit seinem unechten Hofstaat und den leiblichen Genüssen enthält Elemente, die der Karneval ab dem 18./19. Jahrhundert in gewandelter Form als Maskenball wieder aufnimmt. Die Dienstboten derer, die das Bohnenfest feierten, erhielten von ihren Arbeitsgebern für den Sonntag nach Dreikönige große Brote mit einer oder zwei eingebackenen Bohnen geschenkt, um zu Hause mit ihrer Familie zu feiern. Etwas von dieser sozialen Haltung wünscht man modernen Partys!

Der König trinkt!

Für Köln ist das Fest des Bohnenkönigs erstmals für das Jahr 1510 belegt. Aber es dürfte sicher älter sein. In seinem „Weltbuch" berichtet Sebastian Frank: „In jeder Familie backte man in einen Kuchen

Jacob Jordaens I.
Der Bohnenkönoig

eine Münze hinein. Der Kuchen wurde in so viele Stücke geschnitten, als Familienmitglieder da waren, aber auch Christus, die heilige Maria und die heiligen drei Könige bekamen einen Teil, den man ihnen ‚umb Gotswillen' gab. Wer das Stück mit der Münze erhielt, wurde als König ausgerufen und mit Jubel in die Höhe gehoben; er machte mit Kreide ein Kreuz an die Dielen und Balken im Haus, um damit Unglück und die Gespenster abzuwehren."
Der Kölner Ratsherr Hermann von Weinsberg betonte 1552 in seiner Chronik nicht nur, dass dieser Brauch in allen Kölnern Häusern üblich sei, sondern setzte ihn als alt und bekannt woraus. 1583 traf ihn selbst das Los. Die Wahl hatte am Dreikönigsabend, dem 5. Januar, vor dem Essen stattgefunden. Das Glück, zum König erwählt zu werden, bedeutete nach dem Volksglauben grundsätzliches Glück im kommenden Jahr – pars pro toto. Dem Fest des Bohnenkönigs folgte innerhalb der Fastnachtszeit die Revanche: Der König gab ein Königsessen. Woran man merkt: Wer feiern will, findet immer einen Grund.
Das sahen auch die Angehörigen der geistlichen Lebensformen so. Eine Königswahl fand auch in den Klöstern statt. Dazu lud man vielerorts Gäste ein, die dem König eine Weinspende darzubringen pflegten. Auch die Subdiakone des Domes feierten ihr Königsspiel, allerdings erst am Oktavtag von Dreikönige. Dieser Brauch, der mit einer Prozession verbunden war, lässt sich bis in das 14. Jahrhundert zurückverfolgen. Dabei trug man Efeu-Kränze in den Haaren und brennende Fackeln in den Händen.
Statt einer Bohne zum Auslosen konnten auch zwei Bohnen eingebacken werden, eine weiße und eine schwarze. Die schwarze bezeichnete den Bohnenkönig und die weiße die Bohnenkönigin. Statt Bohnen ließen sich aber auch eine Münze, eine kandierte Kirsche, eine Mandel, eine Nuss, ein Stückchen Schokolade, ein Porzellankönig oder – in jüngster Zeit – ein Plastikkönig einbacken; die beiden letzteren im Zweifelsfall auch zur Freude des Zahnarztes.

Losbriefchen, die einen König oder gleich den ganzen Hofstaat mit auswählten, kamen später auf.
Das familiäre Königsspiel ist mit dem alten deutschen Kaiserreich untergegangen. Bis zum Ersten Weltkrieg lebte der Brauch aber darin fort, dass ab dem Dreikönigstag Maskenbälle stattfanden, bei dem die Damen Küchlein angeboten bekamen, von denen eines die berühmte Bohne enthielt, die die Finderin zur (Ball-)Königin beförderte. In Erinnerung an die alte Tradition hießen diese Dreikönigsbälle auch „Bunneball", Bohnenball.
In dem Umstand, dass die Weihnachtsferien fast nie vor oder mit dem 6. Januar enden, klingt eine Erinnerung an diesen alten Festtag nach. Zum meist beachteten Verhaltskodex rheinischen Karnevals gehört auch noch, den Sitzungskarneval nie vor dem 6. Januar zu beginnen. Der 6. Januar, der Dreikönigstag, ist der alte Auftakt des Karnevals.

Neben dem eher „bürgerlichen" Narrenfest des Bohnenkönigs versammelten sich im Mittelalter weitere, eher „geistliche" Narrenfeste um den Jahreswechsel, gleichfalls in der alten Tradition der Saturnalien, wonach die Kleinen auch einmal groß sein dürfen.
Wie in Köln war es in vielen anderen Städten mit Dom-, Stiftskirchen und Abteien und vor allem da, wo es Dom- oder Klosterschulen gab. Ob das Spiel „ludus episcopi puerorum", auch genannt Kinderbischofsspiel, Knabenbischofsspiel, Schülerbischofsspiel oder – in Klöstern – Kinderabtspiel der Auslöser dieser geistlichen Narrenfeste war oder erst ein „Folgeprodukt", ist noch ungeklärt. Über dieses Spiel liegen aber die ältesten Nachrichten vor. Bereits 867/870, auf dem Konzil von Konstantinopel, wird das festum puerorum verboten – natürlich folgenlos. Auch das Verbot des Konzils von Konstantinopel und die Verbote der Konzilien von Basel oder Trient haben das „Spiel der umgekehrten Ordnung" nicht abgeschafft. Im 11. Jahrhundert lässt sich das festum puerorum im Abendland, in

Rouen, erstmals nachweisen und hält sich dort bis in das 18. Jahrhundert. Seit dem 13. Jahrhundert, mit der Popularität des Nikolaus als Schülerpatron, bürgert sich der 6. Dezember als Festauftakt ein, wobei die gesamte Feier bis zum 28. Dezember dauert. Das eigentliche Spiel bestand darin, dass die Schüler an Kloster-, Stift- und Domschulen einen „Abt" oder „Bischof" wählten, der ein pompöses Fest und pomphafte Umzüge durchführte. Mancherorts wurde bei diesen Feiern die Liturgie nicht ausgespart: In den Kirchen fanden Feiern unter Leitung des Kinderbischofs statt. Ausgestattet war der Knabenbischof wie ein Bischof: mit Chorkleidung, Mitra und Stab. Zum Teil oder aber für eine bestimmte Zeit galt auch die Regel, dass die eigentlichen Bischöfe den Anordnungen der Knabenbischöfe zu folgen hatten. Der gewählte Kinderbischof zog festlich in die Kirche ein und hielt einen Gottesdienst, in dem er oft auch predigte. Den Abschluss bildete am 28. Dezember ein Fest, das oft nicht zur Freude der Ordnungskräfte auslief und in vielen Städten moralisierende Spuren in Ratsprotokollen hinterlassen hat.

Einige Volkskundler nehmen als Auslöser dieser geistlichen Narrenfeste liturgische Festtagstexte an. Unter Hinweis auf das „Magnifikat", in dem es heißt: „Er stürzt die Mächtigen vom Thron und erhöht die Niedrigen" (vgl. Lk 1,52; Ez 21,31; Ps 147, 6; Hiob 5, 11;12,19), wird ein Bezug zwischen dem Knabenbischofsspiel und dem Magnifikat hergestellt. Das Magnifikat ist jedoch kein typisches Gebet für das Fest der Unschuldigen Kinder. Mit der gleichen Berechtigung ließe sich verweisen auf Mt 23,12: „Wer sich selbst erhöht, wird erniedrigt, und wer sich selbst erniedrigt, wird erhöht werden" (vgl. Lk 14,11; 18,14). Es ist wahrscheinlicher, dass eines der Tagesgebete aus der Liturgie, die nur am Fest der Unschuldigen Kinder gebetet wurden, Auslöser war. Vor der jüngsten Liturgiereform hieß es zum Beispiel im Introitus: „Aus dem Mund von Kindern und Säuglingen, o Gott, verschaffst du dir Lob deinen Feinden

Manche Sternsingerroben erinnern heute noch an das Kinder- oder Knabenbischofsspiel

Das Verkleiden am Dreikönigstag hat lange Tradition

zum Trotz“ (Ps 8,2). Oder in der Oratio: „Gott, am heutigen Tage haben die unschuldigen Kinder dein Lob verkündet.“

Nicht nur die katholische Kirche selbst, sondern auch die Reformation hat so platte Lustigkeiten wie das Bischofsspiel einzudämmen und abzuschaffen gesucht. Was die Kirchenleute selbst nicht geschafft haben, hat dann die Aufklärung flächendeckend erledigt. Im 18. Jahrhundert ist die Tradition der geistlichen Narrenfeste verschwunden.

Der Festinhalt von Epiphanie oder dem Dreikönigstag hatte mit diesen Narrenfesten nichts gemein, abgesehen davon, dass man sich beim Nachspielen der Heiligen Drei Könige in Form des Dreikönigspiels oder der Sternsinger gleichfalls verkleidete. Die zeitliche Nähe zum Dreikönigstag und närrische Grundidee des Rollentausches aber verbindet die geistlichen Narrenfeste und das Bohnenfest mit Dreikönige, das dadurch in einer Zeitschiene der oft etwas plumpen Heiterkeit angesiedelt war.

Auf den Bauernhöfen und in den Dörfern war am Dreikönigstag das Dreikönigsmahl üblich, ein festliches Mahl, das die Bauernfamilie den Knechten und Mägden gab. Zum Ende des Mahls schaute man durch den Kamin auf die Sterne. Wenn eine Magd dabei drei Sterne sah, verhieß dies eine gute Ernte, was sich wiederum für die Magd auszahlte, weil noch ein weiterer guter Tropfen auf den Tisch kam. Schauten alle Mägde und Knechte durch den Kamin, erhielt jeder

Die Heiligen Drei
Könige mit ihrem Stern
Holzschnitt um 1700

einzelne so viele Gläser Bier eingeschenkt, wie er Sterne zählte. Im 18. Jahrhundert wurde diese Form des Feierns langsam aufgegeben und abgelöst durch Geld-, Bier- oder Weinspenden an das Personal. Der Zeitraum zwischen dem 25. Dezember und dem 6. Januar galt als Rau(c)hnächte bzw. kirchliche Weihnachtszeit. Er hieß auch „Zeit zwischen den Jahren", „die Zwölften", „das Dodekahemeron" der Orthodoxie. Die Begriffsbildung nimmt Bezug darauf, dass sowohl am 25. Dezember, am 1. Januar als auch am 6. Januar Jahresbeginn gefeiert wurde, je nach Gegend oder Zeitalter. Erst seit dem 17. Jahrhundert kristallisiert sich der 1. Januar als offizieller Jahresbeginn mit allgemeiner Verbindlichkeit heraus. Die „Zeit dazwischen", die Zeit zwischen den verschiedenen Jahresanfängen, war die Zeit „zwischen den Jahren". 567 erkannte die Synode von Tours die Festzeiten an, die das neue und das alte Weihnachtsfest, den alten und den neuen Neujahrstag miteinander verknüpfen.

Viele Losbräuche bezogen sich auf das Wetter, das vorausgesagt werden sollte, weil es Auskunft über gute Ernte oder Hunger gab. Der Dreikönigstag gilt als „Allloser", weil jede Stunde des Tages für einen der nächsten zwölf Monate Auskunft gab. Eines der Wetterorakel schreibt vor: Am Vorabend des Dreikönigstages legt man von zwölf Weizenkörnern je eines an einem bestimmten Ort vor den Ofen. Jede Stunde gilt für einen Monat des Jahres. Am Morgen des Dreikönigstages kann man ablesen, was die Monate bringen werden. Die am weitesten fortgesprungenen Körner weisen auf Glück, Gesundheit und reiche Ernte hin. Auch die im Winter blühende Christrose wurde für Wetterorakel eingesetzt: Die als Christwurz, Schneekatze oder Schneerose bezeichnete Christrose erinnert an den Spross aus der Wurzel Jesse, nämlich Jesus: Zwölf zu Weihnachten in Wasser gestellte Knospen versinnbildlichen die Monate des Jahres. Offene Knospen zu Weihnachten kündigen gutes, geschlossene Knospen schlechtes Wetter im entsprechenden Monat an.

Die gleiche „Wettervorhersage" erhoffte man sich vom Zwiebelorakel

Die Heiligen Drei Könige als Wetterfahnen auf der Klein-Jerusalem Kapelle in Neersen

oder vom Vierjahreszeitenorakel: Von einer halbierten Zwiebel werden zwölf Schalen nebeneinander gelegt, die jeweils einen Monat versinnbildlichen. Mit einer Prise Salz bestreut, zeigen sie am nächsten Morgen an, wie der entsprechende Monat wird: feucht oder trocken. Zu den Wetterorakeln gehört auch das Vierjahreszeitenorakel: Zu Weihnachten legt man in die vier Ecken eines Raumes, die jeweils ein bestimmtes Vierteljahr bezeichnen, eine Zwiebel. Hat an Dreikonigen eine Zwiebel ausgetrieben, wird dieses Vierteljahr fruchtbar sein.
Die mit dem Dreikönigstag verbundenen Wetter- oder Bauernregeln haben nichts mit dem Festinhalt zu tun, sondern machen die Wetterregeln nur vom Bezugspunkt 6. Januar abhängig. Einige dieser Regeln lauten:

Ist's an Dreikönig sonnig und still,
der Winter vor Ostern nicht weichen will.

Dreikönigsabend hell und klar
verspricht ein gutes Weinerntjahr.

Heilig Drei König ohne Eis,
da wird Pankratius sicher weiß.

Der Dreikönigstag war auch einer der Merktage zur Messung der Tageslänge:

An Neujahr um einen Hahnenschritt,
An Heilig Dreikönig' um einen Hirschsprung,
An Sebastian um eine ganze Stund,
An Mariä Lichtmess merkt man erst was drum.

Das Feiern, „bis die Schwarte krachte“, war am Dreikönigstag Pflicht. Denn: Aller Anfang geht mit, sagt der heilige Augustinus. Der Glaube, dass Form und Inhalt eines Neuanfangs die ganze restliche Folge prägen, ist uralt. Nicht nur jüdischer Tradition entspricht es, alte Schulden im alten Jahr zu begleichen. Das neue Jahr hat man frisch gewaschen zu begrüßen, symbolisch wird der alte Schmutz abgewaschen. Oft gehörte dazu, dass man völlig neu eingekleidet war. Die Reinigung von Altem bietet im neuen Jahr Schutz. Was an Neujahr geschah, hatte nach dem Glauben unserer Vorfahren Auswirkungen auf das ganze Jahr. Entsprechend heißt es im Erzgebirge: Wenn man Neujahr etwas falsch macht, geht es das ganze Jahr verkehrt. Streit ist deshalb Neujahr tabu, Ordnung in allen Bereichen oberste Pflicht, ebenso Überfluss bei Essen und Trinken, damit niemand im neuen Jahr hungern muss. Tüchtiges Essen und Trinken an solch einem Termin sorgt, so glaubten die Menschen, dafür, dass es im ganzen Jahr so bleibt. In der Steiermark und anderswo hieß die Nacht „Dreimahlsnacht“, weil man drei verschiedene Mähler, früher sogar neun, zu sich nahm: Haferkoch, Roggenkoch und Milchkoch.

Durch diese und viele weitere Bräuche hat sich das Wissen über die Heiligen Drei Könige und ihre Verehrung bis heute gehalten. Viele dieser Traditionen leben auch in unserer säkularisierten Gesellschaft fort. Der Sternsingerbrauch ist sicherlich der am meisten verbreitete und lebendigste Beweis dafür.

Wallfahrtswege sind Königswege

Pilgerboot auf dem Rhein
bei St. Apollinaris
Johann W.T. Maassen

Die für die Stadt Köln überragende Bedeutung der Heiligen Drei Könige zeigt sich in der Benennung des 6. Januars, der bis zum Anfang des 14. Jahrhunderts Epiphanie oder einfach „dreizehnter Tag" (nach Weihnachten) genannt wurde. Ab jetzt setzt sich die Bezeichnung „Dreikönigstag" durch. In den Kalendern erscheinen als volkstümliches Zeichen für diesen Tag die drei Kronen, so wie die Gans für den Martinstag steht.

Wie kommt es zu der vergleichsweise schnellen und in die Breite gehenden Popularisierung des Dreikönigenkultes? In der zweiten Hälfte des 12. Jahrhunderts hatte sich der byzantinische Kaiser Manuel I. Komnenos (1143–1180) bemüht, eine Koalition aller Mächte inklusive des Papstes gegen Kaiser Friedrich Barbarossa zustande zu bringen. Während seine Koalitionspartner lediglich einen mächtigen Gegner mit omnipotentem Anspruch loswerden wollten, hatte Manuel ein tieferes Ziel: Er wollte Kaiser nicht nur ders morgenländischen Teils des alten Römischen Reiches werden, sondern auch Kaiser des abendländischen Teils. Er verstand sich als Wiedergeburt Christi. Und eben dies, die göttliche Offenbarung des Christos-Basileus, feierte die Kirche jedes Jahr an Epiphanie. Manuels Träume endeten schnell: Der Seldschukensultan Kilidisch Arslan II. vernichtete 1176 das kaiserliche Heer und brach damit die byzantinische Machtstellung.

Bestandteil des Festes Epiphanie war u. a. die Erinnerung an die Anbetung der Magier: Könige, die dem König der Könige huldigten. Durch ihre Pilgerschaft zum göttlichen Kind, das sie anbeteten, wurden sie nach zeitgenössischer Ansicht zu den ersten Vertretern eines von Christus selbst begründeten sakralen Königtums.

Die Translation der Gebeine der Heiligen Drei Könige im Jahr 1164

Zug der Könige

nach Köln war insofern nicht irgendein Erwerb von irgendwelchen Reliquien, sondern auch ein kluger politischer Schachzug: Die durch Christus selbst bestätigten ersten christlichen Könige befanden sich nun in Köln, am Sitz des Erzbischofs, der das Recht besaß, den deutschen König, seit Kaiser Karl der offizielle Erbe des Römischen Reiches, zu krönen. Krönungsort war das Marienmünster in Aachen, damals in der zu Köln gehörigen Diözese Lüttich gelegen. Hier befanden sich Thron und Grab Kaiser Karls, den Rainald von Dassel mit Zustimmung des ihm verpflichteten Gegenpapstes Paschalis III. (1164–1168) als Heiligen postuliert hatte. Das Krönungsrecht der Kölner Erzbischöfe hatte durch den Besitz der Dreikönigsreliquien eine neue, unvergleichliche Qualität erhalten, ein sakrales Fundament: Der deutsche König, der von einem Kölner Erzbischof gekrönt wurde, wurde zum legitimen Nachfolger der ersten von Christus anerkannten Könige und besaß damit sein Königtum von Gott selbst. Die deutschen Könige standen dadurch gleichberechtigt neben dem byzantinischen Basileus, dem die Würdigung des deutschen Kaisers Friedrich Barbarossa durch den Archipoeta als „Gesalbter des Herrn“ und als „Herr der Welt“ kein übermäßiges Vergnügen bereitet haben wird. Gleiches galt vom Papst, der im staufischen Selbstverständnis vom Kaisertum keine Rolle spielte. Nicht der Papst stand über dem Kaiser, sondern der Kaiser über dem Papst. Zum festen Ritual der Königskrönung in Aachen gehörte ein Goldopfer nach dem Beispiel der Heiligen Drei Könige. Dieses symbolische Schenken wurde den europäischen Fürstenhöfen zum Vorbild: Auch die französischen Könige opferten später am 6. Januar Gold, Weihrauch und Myrrhe. Vergleichbare Bräuche entstanden in Burgund und England.

Der deutsche König wurde an drei Stiftskirchen Kanoniker: an Sankt Peter in Rom und an den Stiften in Aachen und Köln. Im Kollegium der Kirche, die die Dreikönigsreliquien bewahrte, übernahm er die Pflicht, sich als standhafter Nachahmer der königlichen Tugenden

Die Heiligen Drei Könige und der „vierte" König Otto IV.
Dreikönigenschrein
Kölner Dom

zu bewähren. Der Platz des Königs innerhalb der Chorschranken befindet sich nicht nur in unmittelbarer Nähe des (Hoch-)Altars, sondern auf derselben Seite, auf der Christus in der Apostelszene steht. Nach damaliger Ansicht war der König der vicarius Christi, Stellvertreter Christi auf Erden. Der Papst aber war nur der vicarius S. Petri. Wie der byzantinische Kaiser fühlte sich der staufische Kaiser als zweiter Christus und damit über dem Papst stehend. Und an seiner Seite stand der Kölner Erzbischof, oft zugleich Reichskanzler, immer aber sich selbst rückführend auf den Petrusschüler Maternus. Zugleich waren die Kölner Erzbischöfe die Hüter der ersten anerkannten christlichen Könige und unbestrittene „Königsmacher" – eine unangreifbare Vorrangstellung.

Vor diesem Hintergrund wurde Köln zum ersten Wallfahrtsort der deutschen Könige. Der Welfe Otto IV. (1198–1214) wurde am 12. Juli 1198 in Aachen zum König gekrönt. Er war Gegenkönig zu Philipp von Schwaben, nach dessen Tod 1208 er Politik gegen Rom machte. Papst Innozenz III. ließ darum 1211 den Staufer Friedrich II. zum Gegenkönig wählen, gegen den Otto 1214 die entscheidende Schlacht und seinen Anhang verlor. Zu Epiphanie 1200, als Otto in Köln Hoftag hielt, schenkte er den Heiligen Drei Königen drei Kronen aus schwerem Gold. Außerdem stiftete er Gold und Edelsteine zur Fertigstellung der Stirnseite des Dreikönigsschreins. Und er ließ sich quasi als vierten König hinter den Heiligen Drei Königen plastisch abbilden, eben nicht nur als Stifter, sondern als König in der Tradition der Heiligen Drei Könige.

Seit Otto IV. gehörte es zum deutschen Krönungsritual, dass die soeben gekrönten Könige nach Köln pilgerten, um „ad reges" zu beten, ihren Vorbildern Reverenz zu erweisen, sich unter ihren Schutz zu stellen und um die Gnade zu bitten, sich ihrer würdig erweisen zu können. Anschließend wurden die deutschen Könige Mitglieder des damals hochadligen Kölner Domkapitels. Nachweislich sind die folgenden Könige in Köln gewesen:

Ablasspfennig, 1671
(Ungarnfahrer-Jahr)
Kupferstich, Detail
aus dem Pilgerblatt
von Peter Schonemann

1249	König Wilhelm von Holland	(1247–1256)
1401	König Ruprecht von der Pfalz	(1400–1410)
1414	König Sigismund	(1410–1437)
1442	König Friedrich III.	(1140–1493)
1486	König Maximilian	(1486–1519)
1520	König Karl V.	(1519–1556)
1531	König Ferdinand	(1531–1564)

Was Königen recht, war auch schon damals Prominenten und anderen billig. Schon für das Jahr 1204 wird von einem armenischen Bischof berichtet, der als Pilger die Heiligen drei Könige besuchte. Der bedeutende Humanist Francesco Petrarca besuchte 1333 auf einer Studienreise Köln und sicher auch die Gebeine der heiligen Magier. Der englische König Edward III. (1327–1377) machte 1338 den Heiligen auf einer Deutschlandreise seine Aufwartung. Viele weitere folgten: König Peter von Cypern (1359–1369) im Jahr 1363, der dänische König Waldemar IV. Atterdag (1340–1375) im Jahr 1364, ein Sohn des Königs von Portugal 1426, Herzog Philipp III. der Gute aus Burgund (1419–1467) im Jahr 1440, Enea Silvio Piccolomini, der spätere Papst Pius II. (1458–1464), im Jahr 1447, und viele mehr. Zu den Pilgern zählte auch der Augustiner-Eremit Martin Luther, wahrscheinlich im Jahr 1512; denn 1531 predigte er an Epiphanie, er habe in Köln die Gebeine der Heiligen Drei Könige gesehen und „on alle siegel und brieff" geglaubt, was man ihm über die Reliquien erzählt habe. Nicht jeder konnte nach Jerusalem, Santiago oder nach Rom pilgern. Aber Köln und die anderen rheinischen Pilgerziele wie Aachen, Trier, Kornelimünster, Düren oder Maastricht – nicht zu reden von Prümm, Echternach, Neuss, Remagen oder Düsseldorf – lagen relativ nahe beieinander. Im Mittelalter wurde Köln nach Jerusalem, Rom und Santiago de Compostella viertwichtigster Wallfahrtsort der Christenheit.

Martin Luther

Eine Pilgerreise oder Wallfahrt, peregrinatio religiosa, unternahm

Dreikönigszettel

man wegen eines Gelübdes, als Bitte oder Dank, zur Gewinnung eines Ablasses oder aber als Buße, vielfach als öffentlich durch das kirchliche Sendgericht angeordnete Buße. Selbstverständlich konnte eine solche Pilgerreise auch stellvertretend erfolgen, für einen Kranken oder aber auch für einen bereits Verstorbenen, der dies in seinem Testament verfügt hatte. Weltliche Motive wie Fernweh oder Abenteuerlust konnten als Motiv dazukommen.

Wer sich auf Pilgerreise begab, rüstete sich wie für den Weg zur Ewigkeit. Er lud Gäste in sein Haus, zog in Prozession zur Kirche, wo für den Pilger das Totenamt gelesen wurde. Nach einem letzten Frühstück zu Hause verabschiedete sich der Pilger unter Läuten der Totenglocke. Rustikal gekleidet nahm der Pilger nur das Nötigste mit sich, einen Pilgerstab und ein Trinkgefäß.

Das ganze Jahr über, vor allem aber zu den kölnischen Festtagen, dem Dreikönigstag am 6. Januar und dem Translationsfest am 23. Juli, kamen Hunderte und Tausende Menschen nach Köln, die der Bürgerschaft nicht unerhebliche Einkünfte verschafften, denn auch Fromme müssen essen, trinken und irgendwo schlafen. Und die Pilger nahmen Beweise für ihre Anwesenheit in Köln mit nach Hause: Pilgerzeichen, Dreikönigszettel und vieles mehr.

Bei besonderen Notständen vereinten die Kölner alle ihre Heiligen als Fürsprecher zu einem gemeinsamen Gebet an einem Ort: natürlich vor dem Schrein der Heiligen Drei Könige im Kölner Dom. Etwa 15 kostbare Reliquienschreine wurden in exakt organisierten Prozessionen zum Dom gebracht und hier noch um den Stab des heiligen Petrus ergänzt. Bei Seuchen und Gefahren, Krieg und Not betete man um Hilfe und flehte die Heiligen an, das Ihre für ihre Stadt und ihr Erzbistum zu tun. Die vereinte Fürbitte aller in Köln präsenten Heiligen war eine „Gebetsmacht“, die ihresgleichen suchte.

Ab der Mitte des 14. Jahrhunderts beginnt sich eine Wallfahrt in siebenjährigem Rhythmus zu entwickeln, eine Heiligtumsfahrt zum

Pilger vor dem Dreikönigenmausoleum England um 1830, Kolorierte Lithografie Kölnisches Stadtmuseum

heiligen Servatius	in Maastricht
Marienkleid und Josephshosen	in Aachen (seit 1349)
Papst Cornelius	in Kornelimünster
Haupt der Mutter Anna	in Düren (ab 1501)
Schrein der Heiligen Drei Könige	in Köln
Rock Christi	in Trier

Pilgerzeichen 12. Jahrhundert

Die vielleicht bedeutendste, sicher aber die kontinuierlichste Wallfahrt, die innerhalb dieses Wallfahrtstyps bestand, war die so genannte „Ungarnwallfahrt". Sie hieß so, weil die Deutschen die verschiedenen Nationen, die sich bei dieser Wallfahrt zusammenfanden, nicht unterscheiden konnten. Ungarn waren zwar gelegentlich dabei, stellten aber mit Sicherheit den geringsten Anteil. Es waren vor allem Wiener, Slowenen, Siebenbürger Sachsen, Böhmen, Kroaten, Dalmatiner, Krainer, Kärntner und Wenden, die sich in Gruppen auf den Weg machten.

Ob die erste dieser Wallfahrten 1349, in einem Pestjahr, stattfand oder es Vorläufer gab, ist bislang nicht bekannt. Es gibt Forscher, die nicht ausschließen, dass die „Rheinfahrt" der so genannten Ungarn schon zum Ende des 12. Jahrhunderts begonnen hat. Sicher ist aber, dass sich die Pilger aus den Nachfahren jener Deutschen und Wallonen rekrutierten, die im Laufe des 11. und 12. Jahrhunderts an der ungarischen Westgrenze und später in anderen Gegenden angesiedelt worden waren. Belegen lassen sich die Ungarnpilger, die sich selbst „Rheinpilger" nannten, eindeutig seit den Jahren 1454, 1468 und 1489. Ihre Zahl nahm infolge der Reformation deutlich ab, stieg aber in der Zeit der Gegenreformation wieder an. Und so blieb es, mit gewissen Schwankungen, bis zum Verbot der Wallfahrt in den Jahren 1775 und 1776, die zwar das Ende der offiziellen Ungarnwallfahrt brachten, nach denen aber noch mancher „Ungar" Köln besuchte.

Pfarrkirche
Mariä Himmelfahrt
in Andernach

Ungarnkreuz in Andernach

Erster Hauptsammelplatz der „Ungarn“ war um den 18. Mai Miltenberg, südlich von Aschaffenburg. Von Miltenberg zogen die Pilger weiter zum zweiten und wichtigsten Sammelplatz, Andernach. Wer es sich leisten konnte, ging nicht per pedes apostolorum, also zu Fuß wie die Apostel, sondern nutzte auf dem Main und Rhein die Schifffahrt. Andernach war der Sammelplatz vor dem Aufbruch in die rheinischen Wallfahrtsorte. Auch vor dem Rückmarsch traf man sich wieder in Andernach und zog von hier in Gruppen in die Heimat zurück. In Andernach hat sich aus den alten Zeit ein kostbares Relikt erhalten: ein Gabelkreuz vom Anfang des 14. Jahrhunderts, das heute noch als „Ungarnkreuz“ bezeichnet wird. Es hängt in Mariä Himmelfahrt und ist eng verwandt mit dem Kreuz in der Kölner Kirche St. Maria im Kapitol aus dem Jahr 1304. Es ist das Prozessionskreuz der „Ungarn“, also das Wallfahrtskreuz, das sie alle sieben Jahre im Mai in Besitz nahmen, mit nach Köln und Aachen führten und zum Juli-Ende, beim Abmarsch in die Heimat, wieder in Andernach unterstellten. Von weiteren Gerätschaften wie Fahnen und dergleichen scheint sich in Andernach nichts mehr erhalten zu haben. Pilger, Kreuz und Fahnen waren in Andernach in einem Hospiz untergebracht, der „großen Almende“. Hier wie überall wurden die Pilger kostenlos beherbergt und verköstigt, zum Teil auch bekleidet, medizinisch versorgt und – falls nötig – auch begraben. Dieser große finanzielle Aufwand wurde durch Stiftungen, Klöster und Stifte sowie durch Kollekten getragen.
In Andernach trafen sich die Ungarnpilger im Mai. Zwischen dem 13. Mai und dem 18. Juni zogen sie weiter nach Köln, das sie „Kelmorajn“ nannten. Hier fanden sie Aufnahme im Hospiz Ipperwald am Kattenbug, das wegen dieser Besucher auch „Ungarnhaus“ genannt wurde. Zu essen gab es Erbsen bzw. Bohnen mit Speck oder Möhren mit gekochtem Fleisch, dazu Brot und Bier und manchmal auch Wein – darben musste keiner der Wallfahrer.
Den Höhepunkt erreichte die Ungarnwallfahrt in Köln jeweils am

Tag der Apostel Petrus und Paulus, dem 29. Juni. Die „Ungarn" versammelten sich östlich des Doms. Nach einer Predigt eines Dompriesters, die von einem der Geistlichen übersetzt wurde, der die Pilger begleitete, wurde ihnen im „Haus am blauen Stein" die Heiltümer gezeigt. Dieses dem Domkapitel gehörende Haus wies einen Stein auf, gegen den diejenigen gestoßen wurden, die in Köln zu ihrer Hinrichtung geführt wurden. „Wir stoßen dich an den blauen Stein, du kommst deinem Vater und deiner Mutter nie mehr heim", lautete auf Hochdeutsch der zugehörige Spruch.
Über der Eingangstür dieses Hauses zum blauen Stein befand sich ein größerer Raum mit entsprechenden Fenstern, durch die den Pilgern die Heiltümer gezeigt wurden. Als nach einem Umbau der Raum zu klein geworden war, nutzte man den Innenhof zur Präsentation. Zum Schluss durften die Pilger den Stab des heiligen Petrus und seine Kette küssen. Zur Zeit der Vesper zogen die Wallfahrer zum Dom und opferten eine 62 Pfund schwere Bienenwachskerze, gespickt mit Münzen, die in der Nähe des Dreikönigenschreins aufgestellt wurde. An diesem Festtag wurde den „Ungarn" ein besonders festliches Mahl vorgesetzt; dabei wurden sie vom Bürgermeister, von städtischen Beamten und von den Vornehmen der Stadt bedient, die sich dieses Tun zur Ehre anrechneten. Am 1. Juli zogen die Pilger weiter nach Aachen, zum Monatsende sammelten sie sich wieder in Andernach, von wo aus sie in Gruppen zurück in ihre Heimat wanderten.
Die Zahl der „Ungarn" in Köln schwankt durch die Jahrhunderte sehr. Genannt werden Zahlen zwischen knapp einhundert und mehreren Tausend; in Kriegszeiten kamen wenige, in Friedenszeiten mehr. Auch wenn man die Zahlen nur mit Skepsis werten kann: 1496 sollen in Köln an einzelnen Tagen bis zu 142.000 Pilger gezählt worden sein. Es kam bei diesen Massen auch immer wieder zu Unfällen: 1440, 1454 und 1496 sind Menschen im Gedränge erdrückt worden. 1440 ist eine Tribüne eingestürzt. Rund 20 Tote und viele

Pilgerzeichen aus dem 14. Jahrhundert

Schwerverletzte waren die Folge. Aber auch die Wallfahrt selbst bot immer wieder Gefahren durch Überfälle und Unglücke. 1496 ist bei Bonn eine überfüllte Rheinfähre gesunken. Nur wenige konnten sich ans Ufer retten.
Im 17. Jahrhundert begann diese Wallfahrt zu stagnieren. 1664 wurde in Köln angeordnet, die „ungarische Prozession" nicht mehr vor dem 1. Juni in die Stadt zu lassen. 1734 wurde die Zeit des Kölnaufenthaltes radikal auf vier Tage begrenzt. 1769 fand die letzte ordnungsgemäße Wallfahrt im Siebenjahresrhythmus statt. Das Ende der Rheinfahrt aber wurde nicht in Köln, sondern in Wien eingeläutet, unter dessen Herrschaft die Pilger lebten. Die aufgeklärten Herren der Wiener Hofkanzlei verboten am 13. Oktober 1775 zunächst die „Rheinfahrt" vorläufig, um am 30. Januar 1776 ein Verbot „auf ewige Zeiten" auszusprechen. Aber wie das mit den Verboten, zumal jenen auf ewige Zeiten, ist – manch einer fand noch immer den Weg ins Rheinland und nach Köln. Noch um 1900 wallfahrteten kleinere Gruppen von „Ungarn" nach Köln.

Der öffentliche Kult der Heiligen Drei Könige durch Wallfahrer und Prozessionen bestand in Köln vom 12. bis zum Ende des 18. Jahrhunderts; auch später noch zogen Bruderschaften oder Wallfahrer zum Schrein. Am Gedenktag der heiligen Magier, dem 6. Januar, und an ihrem Translationsfest, dem 23. Juli, und innerhalb der jeweiligen Oktav verehrten Menschen ihre Schutzheiligen. Der Einmarsch der Franzosen in Köln 1794 beendete dann vorläufig jeden Gottesdienst im Hohen Dom.
Die Wallfahrt zu den Heiligen Drei Königen ist nennenswert nicht wieder aufgekommen. Aber bei der 750-Jahr-Feier zur Grundsteinlegung des gotischen Domes 1998 stieß sie auf unerwartet große Resonanz. Geduldig wartete Groß und Klein in einer langen Schlange vor dem Südportal des Domes auf Einlass, um sich dann vor den Schrein im Chor führen zu lassen.

Die Neuaufstellung des Dreikönigenschreins in der Form, dass man unter ihm herschreiten kann, bietet nun seit 2004 die Möglichkeit, neue Formen der Wallfahrt zu suchen und hoffentlich auch zu finden.

Pilgerzeichen um 1400
Gemeente-Museum, Nijmegen

Königliche Kunst: die Dreikönige in der Kunst

Juan Bautista Maino
Die Anbetung der Könige
Öl auf Leinwand
Prado, Madrid

Neersen,
Kapelle Klein-Jerusalem

Die Darstellung der Heiligen Drei Könige beginnt mit grafischen und plastischen Abbildungen in den Katakomben und auf den Sarkophagen im 3. und 4. Jahrhundert. Drei, manchmal auch vier und mehr Männer, dargestellt als Mitglieder der persischen Priesterkaste, also mit phrygischen Mützen, kommen zur Adoration an die Krippe. Die Anbetung an der Krippe und die zeitgleiche Überreichung der Geschenke bildet den Haupttyp der Darstellung der heiligen Magier. Nachdem das Christentum im Römischen Reich akzeptiert wurde und Kirchen gebaut werden durften, erscheinen die heiligen Magier auch auf Mosaiken wie in Rom und Ravenna. Mit der Zeit bilden sich drei Altersstufen der Magier aus: alt, mittelalt und jung, wobei der älteste Magier meist kniet, der mittelalte hinter ihm steht und ihm der jüngste über die Schultern schaut. Im Laufe der Jahre werden die Magier zu Königen, die gleichzeitig Repräsentanten der drei bekannten Kontinente sind: Afrika, Europa und Asien.
Ein zweiter Darstellungstyp wird der „Zug der Magier" genannt, also die Anreise nach Jerusalem bzw. Betlehem. Typisch für diese Inszenierung wird der Stern, auf den einer der heiligen Drei als Wegweiser deutet. Beliebt war dieses Motiv natürlich auch bei den Dreikönigspilgern, folgten sie doch quasi den Heiligen Drei Königen nach. Die Pilgerzeichen bedienten sich deshalb gerne dieses Motivs.

Eine dritte Szene mit den Heiligen Drei Königen, die immer wieder in der Kunst aufgenommen wurde, zeigt sie – nach ihrem Besuch in Betlehem – im Schlaf. Ein Engel teilt ihnen im Traum mit, dass sie auf ihrem Rückweg Herodes nicht mehr aufsuchen sollen. Plastisch auf einem Kapitell in Autun, Burgund, oder in gemalter Version kommt dieses Motiv vor, das dann die drei Könige in einem Bett und unter einer gemeinsamen Decke zeigt. Die Menschen, die noch die Legende des Johannes von Hildesheim kannten, wussten um eine Parallele. Dort wird nämlich berichtet, dass die Heiligen in einem

Dreikönigenschrein
Kölner Dom

gemeinsamen Grab ruhten. Als zwei bereits begraben waren und nun der dritte kurze Zeit später starb, und man ihn zu den beiden anderen legen wollte, rutschten die beiden toten Könige von alleine auseinander, so dass der dritte König zwischen den beiden vorher Verstorbenen zu liegen kam. Im Tod wie im Leben – zumindest der Darstellung des Traumes entsprechend.

Ausgangspunkt solcher Darstellungen waren die Kölner Reliquien der Heiligen Drei Könige, für die spätestens der Nachfolger des Kölner Erzbischofs Rainald von Dassel, nämlich Philipp von Heinsberg (1167–1191), einen unvergleichlichen Reliquienschrein geplant und in Auftrag gegeben hat. Der Überlieferung nach soll Erzbischof Philipp von Heinsberg kurz vor seinem Tod die Gebeine der Heiligen noch in diesen Schrein gefügt haben. Von Anfang an war der Schrein aber nicht nur für die Reliquien von drei, sondern von fünf Personen gedacht, wenn zum Schluss auch sechs in den Schrein aufgenommen wurden. Geplant war, die Gebeine der Heiligen Drei Könige zusammen mit denen der heiligen Felix und Nabor unterzubringen, die Rainald von Dassel alle aus Mailand „importiert" hatte. Diesen fünf Gebeinen fügte man noch die des heiligen Gregor von Spoleto († um 303) hinzu, die Erzbischof Bruno (953–965) im 10. Jahrhundert aus Italien mitgebracht hatte.

Mit der Gestaltung des Reliquienschreins wurde Nikolaus von Verdun, auch Meister von Verdun genannt (1181–1205 als Goldschmied und Emailmaler nachgewiesen), beauftragt. Zwischen 1180 und 1230 entstand der größte und kostbarste Reliquienschrein des Mittelalters mit einem ausgefeilten theologischen Profil: 2,10 m lang, 1,10 m breit, 1,70 m hoch und 6 Zentner schwer!

Obwohl der Reliquienschrein der heiligen Magier nie mitten in der Vierung des Kölner Doms gestanden hat, wofür er seit der Planung des Dom vorgesehen war, dominiert der Schrein heute den Dom. Wer die Kathedrale durch das Westportal betritt, wird mit seinem Blick nicht nur in die Höhe gelenkt, sondern geradezu automatisch

auf den Schrein, der erhöht und beleuchtet hinter dem Hauptaltar in einer Glasvitrine steht.

Das „goldene Haus" der Heiligen Drei Könige ist über und über durch plastische Figuren, Edelsteine, Emailplatten, filigrane Goldbleche usw. verziert. Beidseitig über die Kanten wird an der Stirnseite ein Blattkamm geführt, der in einem bekrönten Knauf endet. Die vordere Seite des Schreins ist klar gegliedert in ein figürlich gestaltetes Rechteck auf der unteren Ebene, einen trapezförmigen Bereich auf der mittleren Ebene und ein wiederum figürlich gestaltetes, spitz zulaufendes Fünfeck im oberen Bereich.

In der Mitte der unteren Zone thront zentral die Gottesmutter in einem Rundbogenfeld, das segnende Kind auf ihrem Schoß, der die Funktion eines Thrones hat. Dieses Christkind ist erkennbar der Sohn Gottes, dargestellt deshalb die Epiphanie. Maria und Jesus wenden sich zu ihrer Rechten, von wo die Könige nahen. Unter den beiden ersten von drei Bögen einer Kleeblattarkade befinden sich die gekrönten heiligen Könige: Der erste kniet bereits, die beiden anderen scheinen noch in ein Gespräch vertieft zu sein. In ihren Händen halten sie ihre Geschenke: Gold, Weihrauch und Myrrhe. Unter dem dritten Bogen der Kleeblattarkade steht ein vierter König wie in einer Warteschlange: kleiner als die Heiligen Drei Könige, isoliert und ohne Krone. Er hält in seinen Händen ein gleichförmiges Gefäß wie der erste König, der Gold schenkte. Angedeutet werden soll, dass dieser König, nämlich Otto IV. († 1218), das Gold für die Schreinvorderseite, Edelsteine zum Schmuck und drei goldene Kronen für die Reliquienhäupter geschenkt hatte.

Unter der Kleeblattarkade links von der Gottesmutter wird die Taufe Jesu im Jordan gezeigt, gleichfalls Thema der Epiphanie in älteren Zeiten.

Den trapezförmigen Bereich zieren drei große Edelsteine, die man als Symbol der Dreifaltigkeit deuten könnte. Der riesige gemugelte, also rund geschliffene Goldtopas in der Mitte ersetzt den 1574 gestohle-

Krönung Kaiser Neros vom Dreikönigenschrein

nen so genannten „Ptolmäerkameo“ aus dem 3. Jahrhundert vor Christus, der sich heute in Wien befindet. Die beiden anderen Steine sind gleichfalls antik und hervorragend geschnitten. Der eine zeigt die Krönung des mit einem Stern geschmückten Kaisers Nero (54–68), der andere Mars und Venus im Dialog. Dieser trapezförmige Bereich ist als abnehmbare Platte gearbeitet. Hinter ihr befindet sich hinter einem perlenbesetzten Goldgitter – mit rechteckigen, aus Perlen gefügten Namen der Könige Caspar, Melchior und Balthasar – das so genannte Häupterbrett, auf dem die gekrönten Schädel der Heiligen Drei Könige ruhen. Sichtbar sind sie vor allem an ihrem Gedenktag, dem 6. Januar, und dem Tag der Translation, dem 23. Juli.

Mars und Venus im Dialog

Der Oberbau der Stirnseite zeigt die Wiederkunft Christi. Der thronende Christus sitzt zu Gericht, in seinen Händen hält er das „Buch des Lebens“. Die assistierenden Engel tragen in ihren Händen die priesterlichen Zeichen Kelch und Patene sowie die Krone der Königsherrschaft. Für den mittelalterlichen Menschen zeigte dies: König ist letztendlich nur einer; und jedes andere Königtum muss sich von hier legitimieren – das der Heiligen Drei Könige ebenso wie jedes andere.

Insgesamt zeigt die Stirnseite des Dreikönigenschreins das Heil der Welt: die Ankunft Christi als Epiphanie und die Taufe. Ziel dieser Welt ist das Heil in Christus, das ein ewiges Heil über diese Welt in einer anderen Welt sein wird, nachdem Gott Gericht gehalten haben wird.

Die Epiphanie, die Erscheinung Gottes in dieser Welt, zeigt sich auf der Stirnseite dreimal: in der Anbetung der Könige, die als erste Heiden Jesu Anspruch anerkennen, in der Taufe Jesu, die den Juden die Gottessohnschaft offenbaren sollte, und im Endgericht, das von Lebenden und Toten, Juden, Christen und allen anderen Rechenschaft fordern wird.

Zeigt die Stirnseite des Dreikönigenschreins die Form einer Basilika,

hohes Mittelschiff und niedrige Seitenschiffe, so erscheint die Rückseite wie drei miteinander verbundene Schreine – und könnte so nach dem Vorbild des steinernen Sarkophags der Martyrer der Thebäischen Legion in St. Gereon in Köln gebildet sein. Die beiden unteren Schreine gelten als Ruhestätten der heiligen Magier, die an der Stirnseite in diesem Bereich auch dargestellt sind. Die Gebeine der heiligen Felix und Nabor waren für den oberen Schrein gedacht. Hinzugefügt wurden hier später die Reliquien des hl. Gregor von Spoleto.

Unter dem Giebel des linken Schreins wird die Geißelung Christi, unter dem rechten Giebel die Kreuzigung dargestellt; unter dem oberen Giebel zeigt sich der wiederkehrende Christus in Begleitung von Heiligen. Im Schnitt zwischen den drei Schreinen erscheint Erzbischof Rainald von Dassel, der die Gebeine von fünf der hier aufbewahrten Heiligen nach Köln gebracht hat. Der Darstellung des Erzbischofs fehlt jeder Triumphalismus, jede selbstverliebte Herausstellung; im Gegenteil, Rainald von Dassel wirkt versonnen, wird dargestellt mit Blick nach innen, so als lausche er einem unsichtbaren Auftraggeber.

Die Längswände des Reliquienschreins präsentieren im unteren Bereich je sechs Propheten, einmal um König David, das andere Mal um König Salomo gruppiert. In davidischer Tradition steht Christus, Salomo als die Personifikation der Weisheit galt als lebendiger Hinweis auf Christus. Als Könige und Vorläufer des Messias stehen sie als Angehörige des Alten Testaments in einer Reihe mit den Heiligen Drei Königen, die aus ihrer fremden Kultur hinaus auf den neugeborenen Messias zugelaufen sind. Im oberen Bereich wird das Neue Testament durch je sechs Apostel repräsentiert, gruppiert um zwei mittlere Engel.

Das Programm des Schreins, das übrigens nicht die Legende der Heiligen Drei Könige in extenso thematisiert, verbildlicht: Hier ruhen nicht irgendwelche noch so bedeutende Heilige. Der Schrein

obere Reihe:
Darstellung von
sechs Aposteln

untere Reihe:
Darstellung der
sechs Propheten

bietet gegenüber allen anderen Reliquienschreinen eine unüberbietbare Steigerung: Hier wird nicht bloß ein Glaubensbekenntnis abgelegt, sondern die Glaubenssumme des Heils dargestellt: Verheißung, Sehnsucht und Erfüllung.

In Köln gab es nun nicht nur das uralte Petruspatrozinium des Doms, eine riesige Fülle von Reliquien bedeutender Blutzeugen wie die Thebäische Legion oder Ursula und ihre Gefolgschaft, sondern auch die Reliquien jener Heiligen, die an der Epiphanie teilgenommen hatten, die Jesus Christus und damit das Heil der Welt selbst gesehen haben, die von ihm selbst akzeptiert und anerkannt wurden. Diese unvergleichlichen Reliquien verliehen Köln eine universale Bedeutung. Und der Schrein verkündete die Botschaft: Jede Form von Herrschaft in dieser Welt muss sich Christus unterstellen – und: Die Herrschenden haben ihre Macht von Christus und nicht vom Papst.

Wenn schon der Dreikönigenschrein das Heil so überzeugend und neu verkündete, konnte der Alte Dom als Haus über dem Goldenen Haus nur unzureichend und unpassend sein. Die schon zu Zeiten Erzbischofs Engelbert von Berg (1216–1225) angestellten Überlegungen eines Kathedral-Neubaus griff Konrad von Hochstaden (1238–1261) auf: Am 15. August 1248 legte er den – bis heute noch nicht gefundenen – Grundstein für einen neuen Dom.

Statt eines wuchtigen, erdgebundenen, romanischen Doms wollte man das Neueste und Kühnste an Architektur verwirklichen, das noch nie Dagewesene, das der Bedeutung der Reliquien entsprach. In Frankreich waren zwischen 1150 und 1250 mehr als einhundert gotische Kathedralen gebaut worden. Diese Idee wollte man aufnehmen, aber – so würde man heute sagen – toppen. Der Kölner Dom sollte durch Qualität und Quantität nicht nur zu einem bedeutenden gotischen Dom werden, sondern zum Nonplusultra gotischer Kathedralarchitektur: zum Abbild des Himmels auf Erden. Hatte die letzte und größte gotische Kathedrale Frankreichs in Amiens

Bauphase des Kölner Doms

eine Gewölbehöhe von 39 Metern, überbot Köln sie mit 43,5 Metern. Was architektonisch in Amiens noch nicht bis ins Letzte durchdacht, sollte in Köln nicht weniger als perfekt sein.

Von 1248 bis 1322 entstand der gotische Chor, um 1300 begann der Bau des Südturms, um 1370/80 wurde der plastische Schmuck am Petersportal im Südturm angebracht. Um 1325 startete die Errichtung des südlichen Seitenschiffs des Langhauses. Am Ende des Jahrhunderts war es etwa 14 Meter hoch und wurde über den Kapitellen noch ohne steinerne Wölbung mit einem Dach abgeschlossen. Bis zum Anfang des 15. Jahrhunderts brachte es der Südturm bis auf eine Höhe von 59 Metern. Als weithin sichtbarer Torso trug er über Jahrhunderte einen Holzkran auf seiner Spitze, der visuell und – bei Wind durch Drehung – akkustisch die Vollendung des Unvollendeten anmahnte. 1560 wurde endgültig alle Bautätigkeit am Kölner Dom eingestellt. Nicht nur das Geld war alle, auch der Enthusiasmus für den phänomenal neuen Baustil, der zwischenzeitlich durch neue Moden überholt war. Und was man nicht mochte, wurde nun auch nicht mehr finanziert.
Auf der Suche nach einem Symbol für das neu entstandene Deutschland, sowohl einem nationalen Heiligtum als auch einem Zeichen nationaler Einheit, begeisterte sich das beginnende 19. Jahrhundert für den Kölner Dom und die gigantische bis unlösbare Aufgabe, ihn zu vollenden. Zahlreiche Einzelpersönlichkeiten und das preußische Königshaus steuerten nicht unerhebliche Mittel zur Fertigstellung des Kölner Doms bei. Vom neuen Baubeginn bis zur Vollendung waren 80 Jahre nötig: 1848 waren bereits alle Seitenschiffe errichtet, 1863 alle Gewölbe des Lang- und Querhauses. 1869 war der Nordturm bis zur Höhe des Südturms gezogen. Am 15. Oktober 1880, in Gegenwart von Kaiser Wilhelm I. (1871 bis 1888), wurde der letzte Stein auf die Kreuzblume des Südturms gehoben. Nach 632 Jahren und zwei Monaten war das gotische Haus

Chorschranken
Kölner Dom

über dem goldenen Haus vollendet. Zur 750-Jahr-Feier 1998 wurde der Dom offiziell in die UNESCO-Liste des Weltkulturerbes aufgenommen.

Die Fresken der Chorschranken, die ein Dombesucher, selbst wenn er an einer Besichtigung teilnimmt und bis vor den Dreikönigenschrein gelangt, nur unvollkommen sehen kann, stammen aus der ersten Hälfte des 14. Jahrhunderts. Sie sind auf die mit einer feinen, kaum bemerkbaren Kreideschicht überzogenen Wände der Chorbrüstungen aufgetragen. Nachdem die Wertschätzung dieser Kunst schon im 16. Jahrhundert auf dem Tiefpunkt angekommen war, verdanken wir den Erhalt dieser einzigartigen Kunstwerke einer Serie von Zufällen.
Die helle Südseite beschreibt drei Themenkreise mit je sieben Bildern von Ost nach West:

den Lebensweg der Gottesmutter Maria,
den Lebensweg der Heiligen Drei Könige,
die Lebenswege der frühen Martyrer Felix und
Nabor sowie Gregors von Spoleto.

Die dunkle Nordseite stellt in drei Themenkreisen mit je sieben Bildern von Ost nach West dar:

Das Leben des Apostels Petrus,
die Legende des Papstes Sylvester,
das Leben Kaiser Konstantins und seiner Mutter.

Die betenden Domherren waren und sind mitten in die Geschichte des Christentums eingebettet: Das Bildprogramm umfasst die Heilsgeschichte, beginnend mit der Gottesgebärerin Maria. Ihr sprichwörtlich gegenübergestellt wird das Leben des ersten Stellvertreters

Christi. Im Süden folgt die Geschichte der Heiligen Drei Könige, deren Gebeine den kostbarsten Schatz der Kathedrale darstellen. Ihnen gegenüber wird das Leben des Papstes Silvester I. (314–335) entfaltet, von dessen Haupt ein nicht unbeträchtlicher Teil im Dom bewahrt wird. Auf der Südwand wird dann das Leben und Leiden der ersten Martyrer präsentiert, deren Leiber im Kölner Dom verehrt werden. Ihnen gegenüber auf der Nordwand wird das Wirken des römischen Kaisers Konstantin I. des Großen (306–337) gezeigt, der das Christentum aus dem Untergrund und dem Zustand des Verbotenen erlöste und dessen Mutter, die heilige Helena, so viel zum Erhalt neutestamentlicher Zeitzeugen getan hat.

Zweimal drei Themenkreise zu je sieben Bildern ergeben 42 Bilder. Nach mittelalterlicher Zahlensymbolik stellt die Zahl 7 als Addition der 3 und der 4 die Einheit von Welt und Himmel dar, die Ausgewogenheit von Zeit und Ewigkeit. Das wandernde Gottesvolk hatte zu alttestamentlichen Zeiten nach Rechnung der Theologen 42 Verweilorte auf dem Weg durch die Wüste bis zum Jordan. Die Zahl 42 entspricht im Neuen Testament der Zahl der Monate der Weltzeit, in denen die Frau der Geheimen Offenbarung, Maria als Bild der Kirche, in der Wüste der Geschichte ausharren muss.
Die sieben auf die Heiligen Drei Könige bezogenen Fresken stellen dar:

1. *Den Heiligen Drei Königen erscheint der Stern.*

Das erste Fresko geht von Bileams Prophetie (Num 24,17) aus: „Ein Stern geht in Jakob auf, ein Zepter erhebt sich in Israel". Die Legende hatte dazu im Orient den Siegberg (Mons Victorialis) erdacht, auf dem die zwölf gelehrtesten Magier die Sterne beobachteten und auf das Erscheinen des angekündigten Sterns warteten. Dargestellt sind die drei Magier in dem Augenblick, in dem sie den Stern entdecken. Er fordert sie auf, nach Judäa zu ziehen, um das ewig bleibende Licht aufzusuchen.

2. *Die Anbetung der Heiligen Drei Könige.*
Das zweite Fresko zeigt die Anbetung der Heiligen Drei Könige in Betlehem. Das Jesuskind wird auch hier als Erlöser gezeigt: Es trägt einen Kreuznimbus.

3. *Der heilige Apostel Thomas weiht die Heiligen Drei Könige zu Bischöfen.*
Das dritte Fresko zeigt den heiligen Apostel Thomas, wie er die drei heiligen Magier zu Bischöfen weiht. Die beiden jüngeren tragen bereits den Bischofsstab in Händen, der älteste erhält ihn soeben überreicht.

4. *Das Begräbnis der Heiligen Drei Könige.*
Dieses Fresko bildet die Beisetzung der Heiligen Drei Könige ab. Getreu der Legende, wonach alle Könige kurz hintereinander im Jahr 54 gestorben sind, werden die Drei in vollem bischöflichem Ornat gezeigt. Der jüngste König ruht in der Mitte.

5. *Die Übertragung der Heiligen Drei Könige nach Konstantinopel.*
Helena, die Mutter Kaiser Konstantins, hat neben vielen anderen Reliquien auch die der Heiligen Drei Könige gefunden und nach Konstantinopel gebracht. Hier wird sie mit einer Gruppe von Geistlichen vor dem goldenen Reliquienschrein der Magier gezeigt, deren Gebeine – wie im Kölner Dom – hinter einem vergoldeten Gitter zu sehen sind. Vor dem Reliquienschrein liegen eine Frau und ein Kind zum Gebet hingestreckt.

6. *Die Übertragung der Heiligen Drei Könige nach Mailand.*
Die zweite Translation führt die Heiligen Drei Könige nach Mailand, wo Bischof Eustorgius den Schrein – nun mit rechteckigem Gitter – in Empfang nimmt. Wie im Fresko zuvor wird der Bischof von sieben Klerikern begleitet. Mit seiner Hand berührt der Bischof Besitz ergreifend den Schrein. Seitlich unten kniet ein betendes Kind.

Dreikönigenfenster

7. Die Übertragung der Heiligen Drei Könige nach Köln.

Die dritte und letzte Translation führt die Heiligen Drei Könige nach Köln. Im gleichen Gestus wie beim Bild zuvor nimmt nun Erzbischof Rainald von Dassel Besitz vom Reliquienschrein. Der Erzbischof wird von Klerikern begleitet. Durch das Gitter sind die Leiber der Heiligen Drei Könige zu sehen, da sie, einbalsamiert, damals noch mumienartig erhalten gewesen sein sollen.

Dreikönigenfenster

Neben dem goldenen Schrein und dem gotischen Abbild des Himmels darüber und den bemalten Chorschranken aus dem 14. Jahrhundert weist der Hohe Dom zu Köln zahlreiche weitere Bezüge zu den Heiligen Drei Königen auf. Dazu gehört das Dreikönigenfenster in der Achskapelle (14. Jahrhundert), dem früheren Aufstellungsort des Dreikönigenschreins. Im Rahmen der benachbarten Fenster wird die Reihe der Kölner Bischöfe mit Maternus eröffnet, der als Schüler des Apostels Petrus in einer Peterskirche die Kölner Geschichte bis auf den Apostelfürsten zurückführen kann. Die Heiligen Drei Könige gehen noch eine entscheidende Dimension tiefer. Die heiligen Magier führen zurück bis zur Epiphanie.

Neben dem Dreikönigenfenster befindet sich rechts das „Ältere Bibelfenster", um 1260 entstanden. In der in dieser Zeit beliebten Art stehen sich das Alte und das Neue Testament gegenüber, d. h. der Erschaffung Evas entspricht die Geburt Mariens. Dem alttestamentlichen Motiv „Die Königin von Saba vor Salomo" wurde die „Anbetung der Könige" parallel gegenübergestellt. Im Alten Testament lässt sich diese Szene nicht belegen. Dennoch ergeben

rechts:
Bibelfenster I

Dreikönigenfenster

sich Parallelen durch Ps 72,10: „Die Könige von Tharsis und von den Inseln werden Gaben darbieten, die Könige von Arabien und Saba werden Geschenke bringen", und Jes 60,6: „Aus Saba werden alle kommen, Gold und Weihrauch bringen". Wenn es dann im Alleluja nach dem Graduale der Epiphaniasmesse heißt: „Wir haben seinen Stern im Osten gesehen und sind mit Geschenken gekommen, um den Herrn anzubeten", dann entspricht das Glasbild der neutestamentlichen Adoration der Drei Könige den alttestamentlichen Prophezeiungen.

Ps 72,11: „Huldigen werden ihm alle Könige, alle Völker müssen ihm dienen", scheint das Achsenfenster des oberen Lichtgadens bestimmt zu haben. Maria und ihr Sohn Jesus werden umgeben von einem Kranz von 48 Königen der Geschichte der Weltzeit und der Geheimen Offenbarung. Hier bricht sich die Geschichte: Die Darstellung der Königsfenster geht aus von der Anbetung in Betlehem, verweist aber gleichzeitig auf die Vollendung am Ende der menschlichen Geschichte. Diese geistliche Zusammenschau – Beginn und Ziel des in die Welt gekommenen Heils – ist die Hintergrundfolie christlichen Lebens. Die Anbetung der Heiligen Drei Könige, kombiniert mit der Anbetung der Hirten, illustriert auch ein sehr viel jüngeres Fenster, das Anbetungsfenster in der südlichen Längswand. Das bayerische Wappen und die Inschrift weisen es als Stiftung des bayerischen Königs Ludwig I. von 1846 aus. Eingesetzt wurde das Fenster zum Domjubiläum 1848.

Heute nicht mehr vorhanden, aber für Generationen von Menschen faszinierend war früher die alte Domuhr, die auf der linken Seite des Doms bei der Sakristei vor dem Sebastianusaltar gestanden hatte. Wahrscheinlich aus der ersten Hälfte des 15. Jahrhunderts stammend, brauchte man ihre Gewichte angeblich nur einmal im Jahr aufzuziehen. Die Uhr zeigte die einzelnen Tage des Jahres, den Lauf von Sonne, Mond und anderen Gestirnen. An Festtagen, so z. B. auch an Epiphanie und am Translationstag, zeigten sich dem stau-

Stephan Lochner
Dombild im
Kölner Dom

nenden Volk die Heiligen Drei Könige unter Trompetenschall, begleitet durch Knechte, Reittiere und orientalischen Pomp. Weil beim Stundenschlag jeweils eine bestimmte Zahl von Personen erschien, die alle zusammen um 12 Uhr einen Rundgang machten, hieß die Uhr im Volksmund „Umläufer". Um die Mitte des 18. Jahrhunderts wurde dieses Wunderwerk „aus Mangel der Reparation" entsorgt!

Das berühmteste Bild der Heiligen Drei Könige stellt wohl das heute so genannte „Kölner Dombild" dar. Um 1440 hat es Stephan Lochner (um 1400/1410 vermutlich in Meersburg geboren, zwischen 1425 und 1451 in Köln nachweisbar) als Triptychon für die 1426 gegenüber dem Kölner Rathaus erbaute Ratskapelle geschaffen. Hier stand das Altarbild bis 1800, wurde dann in das Rathaus verbracht und gelangte 1809 in den Dom. In geschlossenem Zustand zeigt es die Verkündigung an Maria, geöffnet in der Mitte die Anbetung der Heiligen Drei Könige, auf der linken Tafel die heilige Ursula mit Begleitung, auf der rechten Tafel den heiligen Gereon mit Gefährten. In der Mitte thront die gekrönte Gottesmutter, bekleidet mit einem Mantel mit einer kostbaren Schließe, auf einer Blumenwiese. Der Akt der Anbetung konzentriert sich von den heiligen Magiern auf den Thron Gottes und verrinnt gleichsam zur Seite, so dass die übrigen Heiligen eher wie präsente Statisten wirken.

Ein anderes bedeutendes Dreikönigsbild ist Anfang 2004 wieder nach Deutschland gelangt: Die auf etwa 1475 datierte Anbetung der Heiligen Drei Könige des Meisters des Bartholomäus-Altars wurde nach mehrjähriger Recherche in Brasilien geortet, „für eine höhere siebenstellige Summe", so die „Kölnische Rundschau" vom 26. Februar 2004, aufgekauft und dem Rheinischen Landesmuseum in Bonn übergeben. Auf der Liste national wertvoller Kulturgüter in Nordrhein-Westfalen nimmt dieses Bild immerhin den Platz eins ein. Mit großer Meisterschaft hat der Maler das Geschehen in zahlreichen ausgefeilten Details inszeniert.

Albrecht Dürer
Anbetung der Könige
Gemälde 1504
Uffizien, Florenz

Rogier van der Weyden
Dreikönigsaltar
Mitteltafel, um 1455
Alte Pinakothek, München

Filippo Lippi
Anbetung der Könige
Gemälde 1496
Uffizien, Florenz

Es ist unmöglich, auch nur die berühmtesten Maler aufzuzählen, die die Anbetung der Heiligen Drei Könige oder ein anderes Motiv mit den heiligen Magiern gemalt haben. Aus dem „Who is who" der Spitzenkünstler seien für die einzelnen Jahrhunderte nur einige beispielhaft genannt: Giotto (um 1266–1337), Gentile da Fabriano (um 1370–1427), Konrad von Soest (um 1370 – nach 1422), Rogier van der Weyden (um 1399–1464), Fra Angelico (um 1400–1455), Fra Filippo Lippi (um 1406–1469), Dieric Bouts (um 1420–1475), Andrea Mantegna (1431–1506), Hans Memling (um 1433–1494), Hugo van der Goes (um 1440–1482), Sandro Botticelli (um 1445–1510), Pietro Perugino (um 1448–1523), Domenico Ghirlandaio (1449–1494), Hieronymus Bosch (um 1450–1516), Martin Schongauer (um 1450–1491), Gerard David (um 1460–1523), Quentin Massys (1466–1530), Albrecht Dürer (1471–1528), Giorgione (1478–1510), Jan Gossaert (um 1478 – um 1532), Raffael (1483–1520), Joos van Cleve (1485–1540), Hans Baldung Grien (um 1485–1545), Tizian (1488–1576), Correggio (um 1489–1534), Hans Holbein d. J. (1497–1543), Paolo Veronese (1528–1588), Pieter Brueghel d.Ä. (um 1530–1569), Peter Paul Rubens (1577–1640), Diego Velázquez (1599–1660) und Giovanni Battista Tiepolo (1696–1770). Von den wirklich bedeutenden Künstlern hat bis in das 18. Jahrhundert niemand die heiligen Drei ausgelassen, weil die Heiligen Drei Könige zum Ensemble der Krippendarstellung gehörten. Kaspar, Melchior und Balthasar erscheinen durch alle Jahrhunderte, immer wieder neu interpretiert in alter Funktion auf Gemälden von hohem künstlerischem Wert ebenso wie in Gebrauchsgrafiken, auf Münzen, Siegeln usw. Bis in das 19. und 20. Jahrhundert hinein wird es für kaum einen Menschen ein Problem gewesen sein, die Heiligen Drei Könige über ihre Darstellung zu erkennen und zu benennen. Der Kulturverlust der Gegenwart hat diese ehemalige Selbstverständlichkeit erheblich relativiert. Beendet werden soll dieser nie vollständig darstellbare Bereich mit zwei besonderen Sternen, die den

Stern von Betlehem symbolisieren: dem „Amtsstern“ der Kölner Domherren und dem Stern auf dem Kölner Dom.
Die Vierung des Kölner Doms wird von einem Stern bekrönt. Dieser Stern hätte über dem Reliquienschrein der Heiligen Drei Könige gestanden, wäre ihr Schrein an die ihm von Anfang an vorbestimmte Stelle gelangt. Sei's drum. Das „Wir haben seinen Stern aufgehen sehen und sind gekommen, um ihm zu huldigen“ (Mt 2,2) hat den Stern als Signum der Heiligen Drei Könige gebildet. Er ist nicht nur ein ikonographisches Element, sondern auch Attribut der Sternsinger – und der Kölner Domherren.
Wahrscheinlich war es Erzbischof Clemens August I. von Bayern (1723–1761), der am Gedenktag der Heiligen Drei Könige im Jahr 1731 innerhalb eines Pontifikalgottesdienstes den dabei anwesenden Domherren einen Domkapitularstern verlieh. Der Stern wurde in dieser Zeit aber nicht zur Chorkleidung getragen, sondern wie damals üblich – wie ein Orden – an einem schwarzen Band zur Kleidung eines Geistlichen außerhalb des Gottesdienstes. Auf der Vorderseite zeigt der Stern die Anbetung des Jesuskindes auf dem Schoß Mariens durch die Heiligen Drei Könige, auf der Rückseite steht Maria als Unbefleckte Empfängnis zwischen Blumenranken, das Haupt von sechs Sternen umkränzt. Dass der Domherrenstern nur sechs Zacken statt der symbolischen acht hat, entspricht dem Symbolverlust des 18. Jahrhunderts. Die historischen Domherrensterne kann man deshalb nicht einfach durch neue ersetzen. Heute wird der „Amtsstern“ jedem neu ernannten Domherren bei seiner feierlichen Einführung übergeben und nur zur Chorkleidung getragen. Jeder Domherr muss sich verpflichten, diesen Stern nach seinem Tod wieder an das Domkapitel zurückzugeben.
Die Magier aus dem Osten und ihr Stern sind bis in die Gegenwart durch die Kunst im Bewusstsein der Menschen geblieben. Mag dem einen oder anderen auch das eine oder andere Detail fehlen, die ikonographischen Elemente haben die Heiligen Drei Könige unverwechselbar erhalten.

Kölner Dom
Der Chor

Sternsinger historisch und aktuell

Wenn allein in Deutschland um die Jahreswende oft bis weit in den Januar hinein etwa 500.000 Kinder und Jugendliche als Heilige Drei Könige gekleidet mit einem Stern von Haus zu Haus ziehen, dann ist dies die weltweit größte Initiative von Kindern für Kinder in Not. Die Kinder und Jugendlichen, die als Sternsinger daherkommen, sammeln Geld für Not leidende Kinder in Afrika, Asien, Ozeanien, Lateinamerika und in Osteuropa. Diese unvergleichliche Kinderinitiative darf für sich in Anspruch nehmen, zugleich die erfolgreichste Aktion zu sein. Im Jahr 2004, exakt 840 Jahre nach Ankunft der Gebeine der Heiligen Drei Könige in Köln, haben die deutschen Sternsinger aus fast 13.000 Kirchengemeinden rund 33 Millionen Euro gesammelt, womit über 3.000 Projekte für Kinder unterstützt werden können. Unterstützt werden Maßnahmen aus den Bereichen Evangelisierung, Bildung, Gesundheit, Ernährung, Rehabilitation und Nothilfe. Und 2004 war kein Ausnahmefall: Mindestens seit 1959 haben die Sternsinger Jahr für Jahr ihr Sammelergebnis gesteigert – die damaligen 15 Millionen Euro sind inzwischen mehr als verdoppelt. Von den so zusammen gekommenen mehr als 300 Millionen Euro wurden bislang mehr als 25.000 Projekte in aller Welt gefördert.

Wie ist die weltweit größte Solidaritätsaktion der Kinder entstanden? Nach dem Ersten Weltkrieg, vor allem aber nach dem Zweiten Weltkrieg, entstanden in verschiedenen Kirchengemeinden, angeregt durch Lehrer und Pfarrer, Sternsingerinitiativen. Aktionsmaterialien sollen Kinder in Deutschland die Lebenssituation von Gleichaltrigen in Ländern der „Dritten Welt" kennen lernen lassen. Die Aktionserlöse kommen aber nicht nur dem Beispielland, sondern Kindern rund um den Globus zugute.

Die meist acht- bis dreizehnjährigen Sternsinger werden heute von Messdienerinnen und Messdienern, Mitgliedern von Kinder- und Jugendchören, Jugendverbänden und anderen Gruppen gestellt. Rund 90.000 ältere Jugendliche und Erwachsene begleiten die

Sternsinger vor
dem Kölner Dom

Kinder und bereiten sie vor. Es gibt jährlich einen bundesweiten Auftakt der Sternsingeraktion und in fast jeder Diözese eine diözesane Eröffnungs- oder Aussendungsfeier. Politiker zeigen sich gerne vor der Kamera spendabel, wenn die Sternsinger sie besuchen. Auch der deutsche Bundeskanzler unterstützt auf nationaler Ebene das Anliegen der Sternsinger.

In den ersten Jahren der neu organisierten Sternsingeraktion wurde das Signum C+M+B der Heiligen Drei Könige nicht mehr nur mit Caspar, Melchior und Balthasar übersetzt, sondern neu gedeutet als: „Christus Mansionem Benedicat – Christus segne dieses Haus". Theologisch liegt also nun das Schwergewicht beim Segen Gottes, der – nach katholischer Auffassung – durchaus durch Heilige vermittelt werden kann. Dem magischen Missverständnis eines apotropäischen Zeichens derVergangenheit wird so Paroli geboten.

Wie kamen die Pädagogen und Theologen, die Messdiener und Mitglieder von Jugendverbänden auf die Idee, das Sternsingerbrauchtum neu zu begründen?

Den ältesten Hinweis auf ein Umherziehen mit dem Stern von Betlehem in Nachahmung der Heiligen Drei Könige enthält die Legende der Heiligen Drei Könige von Johannes von Hildesheim (siehe Kapitel „Quellen") – sieht man einmal von auf Mailand bezogenen Legenden ab, die vor der Translation der Reliquien nach Köln schon dort entsprechende Umzüge unterstellen. Diese Legenden scheinen aber erst nach der Reliquientranslation entstanden zu sein. Johannes berichtet „von der Feier des Erscheinungsfestes im Morgenlande". Dort faste man am Vorabend des Geburtstages des Herrn (5. Januar) bis zur Dämmerung. Dann speise man gut an einem festlich gedeckten Tisch, auf dem auch Kerzen stünden, bis zum Erscheinungsfest. Am Vorabend des Epiphaniastages gehe nach Sonnenuntergang ein jeder mit einer brennenden Kerze zum Haus seiner Freunde und Nachbarn und sage: ‚Ich wünsche euch einen guten Tag!'" Festmahl, Nachtwache und Lichterumzug geschähen in Erinnerung an den

Sternsinger
Gemälde (Ausschnitt)
Jan Steen, 17. Jahrhundert
Erzbischöfliches Haus

Stern, der mit seinem strahlenden Licht die drei Könige in dreizehn Tagen nach Betlehem geführt habe. In diesen dreizehn Tagen hätten die heiligen Magier auch keine dunkle Nacht erlebt, sondern einen einzigen, leuchtenden, hellen Tag.
An anderer Stelle berichtet Johannes von Hildesheim, die Inder erzählten, „wenn wegen der Sünden der Bewohner eine Not das Kölner Land oder die Stadt bedroht, dann tragen drei Priester mit goldenen Kronen die Reliquien [= kostbare Armreliquien der Heiligen Drei Könige, die in ihren Händen je Gold, Weihrauch oder Myrrhe halten] und einen goldenen Stern vor dem Sakrament durch die Straßen der Stadt. In einer Kirche, die sie bestimmt haben, stellen die Priester die Arme der Könige auf den Altar, sie opfern die drei Gaben, die an den Händen befestigt sind, wie einst die drei Könige ihre Gaben geopfert haben. Alles Volk nimmt daran teil, und wenn Reue und Andacht tief und aufrichtig sind, dann wendet Gott gnädig Not und Angst von der Stadt ab."
Diese Erzählung „aus Indien" hatte in Köln kein reales Vorbild. Armreliquiare von Kaspar, Melchior und Balthasar hat es auch nie gegeben. Aber der beschriebene szenische Aufzug der wie die drei heiligen Magier Verkleideten mit Krone, Stern und Geschenken, angesiedelt an Epiphanie, verband sich wohl mit Neujahrswünschen, apotropäischem Haussegen in Form der Initialen der Heiligen. Ab dem späten Mittelalter, dem 13./14. Jahrhundert, wird es gebräuchlich, den Zug der Magier real nachzuspielen. Typisch für den „alten" Sternsingertyp, der bis in das 18./19. Jahrhundert bestand: Der erleuchtete „Stern von Betlehem" auf einer Stange ließ sich drehen. Entsprechend hieß das Spruch- oder Gesangsgut, das bei einem Hausbesuch vorgetragen wurde, Sterndreherlied. Und für die Segenswünsche und den Haussegen steckte man den meist jugendlichen Besuchern auch etwas zu: zu trinken, zu essen und dann auch ein paar kleine Münzen.
Die Möglichkeit, als Sternsinger „Kasse machen" zu können, zog mit der Zeit auch kontrapoduktive Elemente an, durch die der Brauch in

Ein Sternsinger
Aquarell aus der
Salzburger Gegend
Ende des 18. Jahrhunderts

Misskredit geriet, weil sie das Sternsingen zum Heischebrauch umformten und auf die Besuchten Druck ausübten, möglichst viel Geld herzugeben. Die Reformation, die die Heiligen als Vermittler für überflüssig hielt, hatte natürlich auch für die Sternsinger keinen Sensus. Weil dies aber so war, nutzte die Gegenreformation die Sternsinger zur eigenen Profilierung. Neue Liedtexte und Ansagesprüche entstanden, die Inszenierung des Aufzuges wurde reglementiert und beaufsichtigt. Aber dennoch: Es ließ sich kaum verhindern, dass zwielichtige Elemente die Sternsingerei nutzten, um sich ein Zubrot zu verschaffen. Auch Arbeitslose trieb oft die blanke Not in diese Rolle, um sich und der Familie das Überleben zu ermöglichen. Wie es 1552 in Innsbruck in einem Ratsprotokoll hieß, wird es andernorts ähnlich geheißen haben: „Das Sternsingen soll man nicht gestatten dieweil es eine schmarotzerey“. Allerdings ausrotten ließ sich das Sternsingen nicht. Was für die einen Brauchtum und Traditionspflege, die anderen Gelegenheit zur Beute, war nicht mit einem Schlag zu beenden. Aber gegen Ende des 18. Jahrhunderts wurden die ersten Verbote nicht nur erlassen, sondern deren Geltung auch durchgesetzt. Man höre und staune: Als in Thüringen 1780 die Sternsingerei „wegen groben Unfugs“ polizeilich verboten wurde, „protestierte“ ausgerechnet Johann Wolfgang von Goethe bei einer Weimarer Hofredoute am 6. Januar 1781 mit einer Variation des bei den Umzügen üblichen Sterndreherliedes. Vielleicht ein Beleg dafür, dass auch in protestantischen Kreisen und höheren Gesellschaftsschichten das Vorgehen gegen die Sternsinger Gesprächsstoff bot.

In „domestizierter“ Form, als Konzert von Schulchören oder Sängerknaben, hat es das Sternsingen bis zum 19. Jahrhundert noch gegeben, und die eine oder andere alpine Gemeinde hat sich nicht allzu sehr darum geschert, was die Obrigkeit gegen ihren Willen abschaffen wollte.

Das Wiederaufgreifen des Sternsingerbrauchtums nach dem Zweiten Weltkrieg durch die katholische Kirche stellte nicht mehr den Gewinn des einzelnen Sternsingers in den Vordergrund, sondern den der Not

leidenden, abwesenden Dritten. Dieser Gedanke hat eine interessante Parallele: die Partnerschaft der Erzdiözesen Köln und Tokyo, die 1954 begann und von Köln ausging. Die Menschen im Rheinland hatten kaum genug, um das eigene Überleben zu sichern, signalisierten aber mit der Aktion ihre Verantwortung gegenüber den Menschen in einem anderen Land, mit denen sie teilten. Gleiches wollte die Sternsingeraktion: Glauben leben und mit Hilfsbedürftigen teilen – denen helfen, die hilflos sind. Dazu passend entstanden keine gigantischen Aufsichtsbehörden und keine Verwaltungspaläste. Mit einem Minimum an finanziellem und personellem Aufwand werden die zahlreichen Projekte durch das Kindermissionswerk „Die Sternsinger" ausgewählt und begleitet.

Kinder MISSIONSWERK DIE STERNSINGER

Sternsinger bringen heute in dreifachem Sinn Segen: Sie tragen zunächst Gottes Segen in die Häuser ihrer Heimat, mit den gesammelten Spenden spenden sie Not leidenden Kindern Segen, und damit sind sie selbst ein Segen für andere. Mit ihrem Stern, dem ihre Vorbilder gefolgt sind, um einen ihnen unbekannten Gott anzubeten, verweisen die Sternsinger darauf, dass Gott sich allen Menschen anbietet, sie zu Gott und zu sich selbst führen will. Und – das beweisen die Sternsinger doch jedes Jahr aufs Neue – wer sich auf Gottes Spur begibt, kann gar nicht fehlgehen!

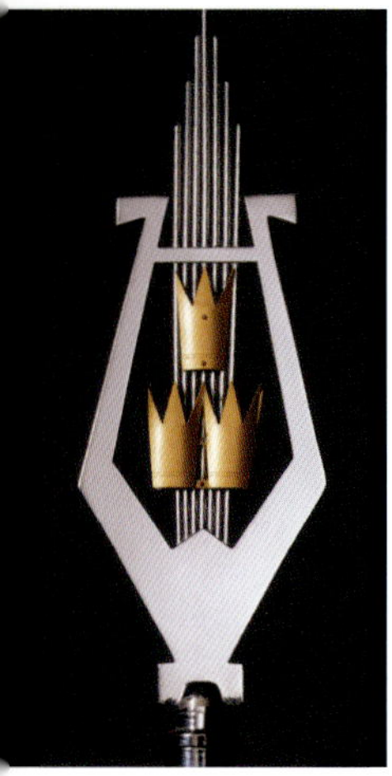

Fahnestange
St. Dreikönig, Neuss

Wo man singt: Lieder, Gebete, Gedichte

1. Dreikönigslieder

Es führt drei König Gottes Hand

Text: Nach Köln (Brachtel) 1623 Friedrich von Spee, Melodie: Köln 1880, Quelle: GL 846

Aus Morgenland in aller Eil sie reisten weit, viel hundert Meil. /Sie zogen hin zu Land und See, bergauf, bergab, durch Reif und Schnee. /Zu dir, o Gott, die Pilgerfahrt uns dünke nie zu schwer und hart!

Anbetung der Könige
Medaillon, 1524
Tilman Riemenschneider
Kirche Maria im Weingarten

Sie kehrten bei Herodes ein, am Himmel schwand des Sternes Schein; /doch wie zum Kind sie eilig gehen, den Stern sie auch von neuem sehn. /Gott, lass das Licht der Gnad uns schaun, auf deine Führung fest vertraun!

Und überm Haus, wo`s Kindlein war, stand still der Stern so wunderbar; /Da knieen sie und weihn dem Kind Gold, Weihrauch, Myrrh' zum Angebind. /Gott, nimm von uns als Opfergut Herz, Leib und Seele, Ehr und Blut!

Durch Weihrauch stellten fromm sie dar, dass dieses Kind Gott selber war; /die Myrrh' auf seine Menschheit wies, das Gold die Königswürde pries. /O Gott, halt uns bei dieser Lehr, dem Irrtum und dem Abfall wehr!

Anbetung der Könige
Gemälde
Andrea Mantegna
Uffizien Florenz

Kölner Pilgerlied

Text: Oliver Sperling u. Christoph Biskupek, Musik: Oliver Sperling

Gottes Stern, leuchte uns,
Himmelslicht der Schöpfung.
Aus Finsternis und dunkler Nacht
hat Gott der Welt das Licht gemacht.
Gottes Wort die Welt erschuf,
Menschen, höret seinen Ruf.
Wir haben seinen Stern gesehen
und kommen voll Freude.

Gottes Stern, zeige uns
stets den Weg zum Leben.
So machten sich die Weisen auf
und folgten deinem Himmelslauf.
Gottes Sohn, ein Menschenkind:
Eine neue Zeit beginnt.
Wir haben seinen Stern gesehen
und beten voller Freude.

Gottes Stern, leite uns,
Zeichen der Verheißung.
Durch Jesu Kreuz, der Liebe Macht,
ist Gottes Heil an uns vollbracht.
Gottes Geist ist uns geschenkt,
der uns durch die Zeiten lenkt.
Wir haben seinen Stern gesehen
und glauben voll Freude.

Gottes Stern, halte Wacht
über Land und Leute,
der du in Köln am Hohen Dom
strahlst golden über Stadt und Strom.
Gottes Haus, in dem wir steh'n,
himmlisches Jerusalem.
Wir haben seinen Stern gesehen
und singen voll Freude.

Gottes Stern, weiche nicht
aus dem All der Welten.
Der gold'ne Schrein,
der gold'ne Stern,
Zeichen Gottes
nah und fern.
Wir haben seinen Stern gesehen
und bringen die Freude.

Es ist für uns eine Zeit angekommen

Es ist für uns eine Zeit angekommen,
es ist für uns eine große Gnad:
Unser Heiland Jesus Christ,
der für uns, der für uns,
der für uns Mensch geworden ist.

In einer Krippe muss er liegen,
und wenns der härteste Felsen wär:
Zwischen Ochs und Eselein liegest du,
liegest du, liegest du,
liegest du, armes Jesuslein!

Drei Könige kamen ihn zu suchen,
der Stern führt sie nach Betlehem.
Kron und Zepter legten sie ab,
brachten ihm, brachten ihm,
brachten ihm ihre reiche Gab.

Sterndreherlied, Text und Musik aus der Schweiz (Kanton Luzern); aus: WDR 4: Singt mit uns. Liederheft für unser offenes Singen im Advent 1995

Die Herrlichkeit des Herrn erscheint

Text: Jakob Holl 1949, Musik: „Es führt drei König“, Quelle: GL 847

Die Herrlichkeit des Herrn erscheint: Das ewge Wort, der Sünder Freund, /das uns im Fleische ähnlich war, macht seine Gottheit offenbar. /Den Völkern soll zum Zeichen sein der Stern, das Wasser und der Wein.

Den Heiden glänzt ein neuer Stern; ihm folgen treu zu Christ, dem Herrn, /drei Weise und ihr Hofgesind; sie neigen sich dem schwachen Kind, /das für uns lebt und um uns weint: Die Herrlichkeit des Herrn erscheint.

Johannes tauft der Büßer Schar; da naht der Herr, ganz unscheinbar,/ und plötzlich tut des Vaters Mund dem Volk mit lauter Stimme kund: /„Dies ist mein Sohn, mir tief vereint.“ Die Herrlichkeit des Herrn erscheint.

Zu Kana, wo man Hochzeit hält, weilt still zu Gast das Heil der Welt./ Beim Mahle zeigt der heilge Christ, wie er des Wunders mächtig ist;/ ein Zeichen wirkt er, wohlgemeint: Die Herrlichkeit des Herrn erscheint.

Dem Vater stimmt ein Danklied an, der sich im Sohne kundgetan!/ Auch ihm, der uns zu retten kam und alle Sünden auf sich nahm, / sei samt dem Geiste Lob geweiht jetzt und in alle Ewigkeit!

2. Sternsingerlieder

Wir kommen aus dem Morgenland

Text: Ferschl, Musik: H. Rohr, © Christophorus-Verlag, Freiburg

Wir kommen aus dem Morgenland,
wir kommen geführt von Gottes Hand.
Wir wünschen euch ein fröhliches Jahr.
Kaspar, Melchior und Balthasar.

Es führt uns der Stern zur Krippe hin,
wir grüßen dich, Jesus, mit frommem Sinn.
Wir bringen dir unsere Gaben dar;
Weihrauch, Myrrhe und Gold fürwahr!

Wir bitten dich: Segne nun dieses Haus
und alle, die gehen da ein und aus!
Verleihe ihnen zu dieser Zeit
Frohsinn, Frieden und Einigkeit!

Wir tun die geweihte Kreide herfür:
Nun lasst uns schreiben an eure Tür!
So wünschen wir euch ein gesegnetes Jahr:
Kaspar, Melchior und Balthasar.

Die Heiligen Drei König

Aus einem alten burgenländischen Christgeburtspiel; aus: WDR 4: Singt mit uns. Liederheft für unser offenes Singen im Advent 1995

Mit Gott so wollen wir lobn und ehrn
die heilgen drei König mit ihrem Stern.

Sie ritten daher in schneller Eil,
in dreizehn Tagen vierhundert Meil.

Was fürchst du Freund Herodes;
Herr, dass uns geboren kam Christ der Herr?

Er sucht kein sterblichs Königreich,
der zu uns bringt sein Himmelreich.

Dem Stern der Weisen folgen nach.
Solchs Licht zum rechten Licht sie bracht.

Sie zogen mit den Gaben drei,
das Kind Gott, Mensch und König sei.

Wir kommen daher

Text und Melodie: aus Hessen; aus: Ingeborg Weber-Kellermann: Das Buch der Kinderlieder. Mainz u. a. 1997

Wir kommen daher ohn' allen Spott,
ein'n schön'n guten Abend geb euch Gott,
ein'n schön'n guten Abend geb euch Gott.

Wir kommen hierher, von Gott gesandt,
mit diesem Stern aus Morgenland,
mit diesem Stern aus Morgenland.

Wir zogen daher in schneller Eil',
in dreißig Tagen vierhundert Meil',
in dreißig Tagen vierhundert Meil'.

Wir kamen vor Herodes Haus,
Herodes schaut zum Fenster heraus,
Herodes schaut zum Fenster heraus.

„Ihr lieben drei Weisen, wo wollt ihr hin?"
„Nach Betlehem steht unser Sinn,
nach Betlehem steht unser Sinn.

Nach Betlehem in Davids Stadt,
allwo der Herr Christ geboren ward,
allwo der Herr Christ geboren ward."

„Ihr lieben Weisen, bleibt heut' bei mir,
ich will euch geben gut Quartier,
ich will euch geben gut Quartier."

„Ach, lieber Herodes, das kann nicht geschehn,
wir müssen den Tag noch weiter gehn,
wir müssen den Tag noch weiter gehn."

Wir zogen miteinander den Berg hinaus,
wir sahen, der Stern stand über dem Haus,
wir sahen, der Stern stand über dem Haus.

Wir fanden das Kind, war nackend und bloß,
Maria nahm's auf ihren Schoß,
Maria nahm's auf ihren Schoß.

Wir taten unsre Schätze auf
und schenkten dem Kind Gold, Weiherauch,
und schenkten dem Kind Gold, Weiherauch.

Gold, Weiherauch und Myrrhen fein,
das Kind soll unser König sein,
das Kind soll unser König sein.

Die Weisen aus dem Morgenland

Text und Musik: Kurt Rommel, Rechte: Strube Verlag, München

Der Stern wies nach Jerusalem, dort war der falsche Herr.
Die Bibel wies nach Betlehem, dort gaben sie die Ehr.
Jesus, der König, ist geboren, er ist der Herr aller Welt.

Sie fanden Jesus, ihren Herrn, und knieten vor ihm hin.
Sie brachten ihre Gaben gern und alle lobten ihn.
Jesus, der König, ist geboren, er ist der Herr aller Welt.

Sie zogen heim ins Morgenland, erfüllt von ihrem Herrn.
Sie gingen jetzt an seiner Hand, sie hatten ihn als Stern.
Jesus, der König, ist geboren, er ist der Herr aller Welt.

Huldigung der Sterndeuter
Raul Castro Rios, Peru,
Kloster Heiligenbronn

3. Gebete

Hymnus

Huub Oosterhuis

Was alle Zeiten sich hofften,
nimmt diese Stunde seinen Lauf,
es kommt der Herr den Menschen nahe.
Menschen, tut eure Augen auf.

Was uns schon David zugesungen,
was mancher Psalm vorhergesagt,
hat in der Krippe angefangen,
endlich hat die Nacht getagt.

Hirten kommen ihn besuchen,
die letzten werden erste sein,
finden ein Kind in armen Tüchern –
so will Gott genommen sein.

Fremde kommen mit Geschenken,
der ferne Osten huldigt ihm.
Lass es dein taubes Ohr bedenken,
Gottes Stadt, Jerusalem!

Jetzt strahlt sein Stern in alle Nächte,
„Friede auf Erden" heißt der Herr.
Er ist der Mensch, den wir erwarten,
wer anders lebt für uns als er?

Hymnus

Neues Stundenbuch

Du, Betlehem, bist auserwählt
vor jeder andern großen Stadt,
geboren wird in dir als Mensch
der Retter, der vom Himmel kommt.

Ein Stern, der selbst den Sonnenball
an Glanz und Schönheit übertrifft,
verkündet aller Welt, dass Gott
in irdischer Gestalt erschien.

Die Weisen eilen, sehen ihn,
sie fallen nieder, bringen dar
die Schätze aus dem Orient,
sie opfern Weihrauch, Myrrhe, Gold.

Als König und als Gott bezeugt
Ihn Gold und Sabas Weihrauchduft,
der Staub der Myrrhe aber lehrt,
dass auch das Grab ihn nicht verschont.

Dir, Herr, der heute uns erschien,
gebührt der Preis der Herrlichkeit,
Lob auch dem Vater und dem Geist
in unbegrenzte Ewigkeit. Amen.

Hymnus

Prudentius, † nach 405

Ihr alle, die ihr Christus sucht,
erhebt zum Himmel euren Blick,
da geht vor euren Augen auf
das Zeichen ew'ger Herrlichkeit:

Ein Stern, der selbst den Sonnenball
an Glanz und Feuer überstrahlt,
verkündet heute aller Welt,
dass Gott im Fleisch erschienen ist.

Und Weise, fern im Orient,
erkennen deutend diesen Stern
als Zeichen, dass ein Königskind
der Welt zum Heil geboren ist.

„Wer ist es", fragen sie bestürzt,
„dem Licht und Sterne dienstbar sind,
dem sich der Himmel unterwirft,
der über die Gestirne herrscht?

Ein großes Leuchten schauen wir,
erhaben, weit und grenzenlos,
ein Leuchten, das kein Ende kennt,
das älter als der Himmel ist."

Er ist es, aller Völker Herr,
der König über Judas Haus,
der Abraham verheißen ward
und allen, die ihm Söhne sind.

Herr Jesus, dir sei Ruhm und Preis,
der du uns heut erschienen bist,
dem Vater und dem Geist zugleich
durch alle Zeit und Ewigkeit. Amen

Hymnus

Prudentius, † nach 405

Die Weisen schauen auf zum Stern und folgen gläubig seiner Spur,
sie finden durch das Licht zum Licht, mit Gaben ehren sie das Kind.

Erkenne in den Gaben, Kind, die Königszeichen deiner Macht
und was des Vaters ew'ge Huld dir dreifach hat vorherbestimmt:

Den König kündet an das Gold, dem Gott steigt auf des Weihrauchs Duft,
doch weist voraus auf Tod und Grab der Myrrhenkörner Bitterkeit.

Der Vorzeit Väter schauten dich, dich kündet der Propheten Mund;
Doch heut bezeugt der Vater selbst: Du bist der Erbe meines Reichs.

In dir, o Kind, wird alles eins, du bist das A und O der Zeit,
du bist das Haupt der neuen Welt, in der die Schöpfung sich erfüllt.

Herr Jesus, dir sei Ruhm und Preis, der du uns heut erschienen bist,
dem Vater und dem Geist zugleich durch alle Zeit und Ewigkeit. Amen.

Kölner Pilgergebet

Auszug aus dem Kölner Pilgergebet, 1997

Allmächtiger, barmherziger Gott,
als Pilger sind wir heute unterwegs zum Kölner Dom.
Hier verehrt die Kirche in besonderer Weise die Heiligen Drei Könige. Auf ihrer Suche nach der Wahrheit des Lebens folgten sie Deinem Stern, der sie zum Licht der Welt führte. Mit Gaben kamen sie zu Jesus und Maria, seiner Mutter. Beschenkt kehrten sie heim in ihr Land, als Boten Deines Lichts.
In Erinnerung an die Drei Weisen pilgern wir Dir heute entgegen. Geleite uns auf allen unseren Wegen
und mache uns zu Boten und Zeugen Deiner frohen Botschaft für alle, die der Wegbegleitung bedürfen.
Mit den Heiligen Drei Königen loben und preisen wird Dich. Wir beten Dich an und danken Dir, dem ewigen, dreieinigen Gott, dem Vater und dem Sohn und dem Heiligen Geist. Amen.

Schlusssegen

Aus: Magnifikat, Januar 2004

Gott, unser Vater, hat uns aus der Finsternis in sein wunderbares Licht gerufen; er segne euch und stärke euch im Glauben, in der Hoffnung und in der Liebe.
Und Christus, der heute der Welt erschienen ist als Licht in der Finsternis, leuchte auf in euren Herzen und mache euer Leben zum Licht für eure Brüder.
Die Weisen sind dem Stern gefolgt und haben Christus gefunden; Gott führe auch euch auf dem Weg der irdischen Pilgerschaft zur Anschauung seiner Herrlichkeit.
Das gewähre euch der dreieinige Gott, der Vater und der Sohn und der Heilige Geist.

Altaraufsatz 1540/50, Johann Brabender, Münster, Domkammer

Sternzeichen

Wann geht unserer zeit
ein stern auf der

zeichen
voraussetzung
konstellation

anzeigt

und aufbruch
und veränderung

kündet.

Alfons Jestl/
Wilfried Scheidl:
Zwischen Liebe
und Liebe gespalten.
Tyrolia 1995, S. 18

4. Gedichte

Am Feste der Heiligen Drei Könige

Annette von Droste-Hülshoff (1797–1848)

Durch die Nacht drei Wandrer ziehn,
Um die Stirnen Purpurbinden,
Tiefgebräunt von heißen Winden
Und der langen Reise Müh'n.
Durch der Palmen säuselnd Grün
Folgt der Diener Schar von weiten;
Von der Dromedare Seiten
Goldene Kleinode glüh'n,
Wie sie klirrend vorwärts schreiten,
Süße Wohlgerüche flieh'n.

Finsternis hüllt schwarz und dicht,
Was die Gegend mag enthalten;
Riesig drohen die Gestalten:
Wandrer fürchtet ihr euch nicht?
Doch ob tausend Schleier flicht
Los' und leicht die Wolkenaue:
Siegreich durch das zarte Graue
Sich ein funkelnd Sternlein bricht.
Langsam wallt es durch das Blaue,
Und der Zug folgt seinem Licht.

Horch, die Diener flüstern leis:
„Will noch nicht die Stadt erscheinen
Mit den Tempeln und den Hainen,
Sie, der schweren Mühe Preis?
Ob die Wüste brannte heiß,
Ob die Nattern uns umschlangen,
Uns die Tiger nachgegangen,
Ob der Glutwind dörrt' den Schweiß:
Augen an den Gaben hangen
Für den König stark und weiß."

Sonder Sorge, sonder Acht,
Wie drei stille Monde ziehen
Um des Sonnensternes Glühen,
Ziehn die Dreie durch die Nacht.
Wenn die Staublawine kracht,
Wenn mit grausig schönen Flecken
Sich der Wüste Blumen strecken,
Schaun sie still auf jene Macht,
Die sie sicher wird bedecken,
Die den Stern hat angefacht.

O ihr hohen heil'gen Drei!
In der Finsternis geboren
Hat euch kaum ein Strahl erkoren,
Und ihr folgt so fromm und treu!
Und du meine Seele, frei
Schwelgend in der Gnade Wogen,
Mit Gewalt ans Licht gezogen,
Suchst die Finsternis aufs neu!

O wie hast du dich betrogen;
Tränen blieben dir und Reu'!

Dennoch, Seele, fasse Mut!
Magst du nimmer gleich ergründen,
Wie du kannst Vergebung finden:
Gott ist über alles gut!
Hast du in der Reue Flut
Dich gerettet aus der Menge,
Ob sie dir das Mark versenge
Siedend in geheimer Glut,
Lässt dich nimmer dem Gedränge
Der dich warb mit seinem Blut.

Einen Strahl bin ich nicht wert,
Nicht den kleinsten Schein von oben.
Herr, ich will dich freudig loben,
Was dein Wille mir beschert!
Sei es Gram, der mich verzehrt,
Soll mein Liebstes ich verlieren,
Soll ich keine Tröstung spüren,
Sei mir kein Gebet erhört:
Kann es nur zu dir mich führen,
Dann willkommen, Flamm' und Schwert!

Epiphanias

Johann Wolfgang von Goethe

Die heil'gen drei König' mit ihrem Stern,
Sie essen, sie trinken, und bezahlen nicht gern;
Sie essen gern, sie trinken gern,
Sie essen, trinken, und bezahlen nicht gern.

Die heil'gen drei König' sind gekommen allhier,
Es sind ihrer drei und sind nicht ihrer vier;
Und wenn zu dreien der vierte wär',
So wär' ein heil'ger drei König mehr.

Ich erster bin der weiß' und auch der schön',
Bei Tage solltet ihr erst mich sehn!
Doch ach, mit allen Spezereien
Wird' ich sein' Tag' kein Mädchen mehr erfrei'n.

Ich aber bin der braun' und bin der lang',
Bekannt bei Weibern wohl und bei Gesang.
Ich bringe Gold statt Spezerei'n,
Da wird' ich überall willkommen sein.

Ich endlich bin der schwarz' und bin der klein'
Und mag auch wohl einmal recht lustig sein.
Ich esse gern, ich trinke gern,
Ich esse, trinke und bedanke mich gern.

Die heil'gen drei König' sind wohlgesinnt,
Sie suchten die Mutter und das Kind;
Der Joseph fromm sitzt auch dabei,
Der Ochs und Esel liegen auf der Streu.

Wir bringen Myrrhen, wir bringen Gold,
Dem Weihrauch sind die Damen hold;
Und haben wir Wein von gutem Gewächs,
So trinken wir drei so gut als ihrer sechs.

Da wir nun hier schöne Herrn und Fraun,
Aber keine Ochsen und Eseln schau'n,
So sind wir nicht am rechten Ort
Und ziehen unsers Weges weiter fort.

Gaumenfreuden am Dreikönigstag

Von alters her gehört zum Dreikönigsfest Gebäck, der Königs- oder Dreikönigskuchen und natürlich noch die eine oder andere Spezialität für kleine und große Genießer. Wahrscheinlich kommt die Idee zum Dreikönigskuchen aus vorchristlicher Zeit. Im Orient und im alten Rom gab es bereits ähnliche Kuchen, bei denen der Finder einer Münze König für einen Tag – besser sagte man: für einen feuchtfröhlichen und langen Abend – war und einem Bankett mit Verkleideten vorstand.

Der Kuchen wurde für den Dreikönigsabend, also den 5. Januar, hergestellt und konsumiert. Und im Laufe der Zeit wurde aus der Münze eine Bohne, die dem Bohnenkönig den Namen gab, oder ein Schokoladenstück, eine Kirsche oder eine – für Zähne nicht immer erfreuliche – Plastikfigur oder Porzellanfigur der Dreikönige („Plastikkönig", „Porzellankönig"). Verbreitet war der Brauch nicht nur in Deutschland, sondern auch in Frankreich, Spanien, der Schweiz, Belgien, den Niederlanden und England. Der Dreikönigskuchen wird heute meist nur noch in Frankreich und der Schweiz hergestellt.

Im Laufe der Jahrhunderte haben sich für diesen Königskuchen verschiedene Rezepte ausgebildet, die hier vorgestellt werden sollen. Die Galette ist die französische Variante der Dreikönigskuchen, richtiger: eine Dreikönigstorte. Auch die anderen Rezepte, die mit diesem Tag verknüpft sind, lassen das Fest der Dreikönige zu einem genießbaren genüsslichen Ereignis werden.

20 g Hefe
0,25 l Milch
100 g weiche Butter
1/2 Teelöffel Salz
4 Esslöffel Zucker
1 Ei, 1 Eigelb
1/2 Teelöffel abgeriebene Zitronenschale
80 g Zitronat
80 g Sultaninen
50 g grob gehackte Mandeln
80 g flüssige Butter

Dreikönigskuchen

Die Hefe mit der Milch flüssig rühren und die Butter hinzugeben. Mit Mehl, Salz, Zucker, Zitronenschale und Ei zu einem Hefeteig kneten und an einem warmen Ort aufgehen lassen. Dann Zitronat, Sultaninen und Mandeln einkneten und wieder gehen lassen. Aus dem Teig neun Kugeln formen und nebeneinander in eine Springform setzen. In einer Kugel eine Bohne verstecken. Den Teig noch einmal gehen lassen. Wenn der Teig auf den doppelten Umfang aufgegangen ist, ihn 30 Minuten im Kühlschrank ruhen lassen. Anschließend wird der Teig mit Eigelb bestrichen und bei 200 Grad Celsius etwa 40 Minuten goldgelb gebacken. Aus der Form nehmen und, noch heiß, mit 80 g flüssiger Butter bestreichen.

Sternentorte

200 g Mehl
80 g gemahlene Mandeln
4 Eier
2 Eigelb
3 Prisen Salz
160 g Zucker
300 g Butter
je 1 Messerspitze Nelken-, Muskat-, Zimt- und Anispulver
1/2 Teelöffel Vanille-Aroma
400 g Zartbitter-Kuvertüre
1 gehäuften Teelöffel Backpulver
1 Esslöffel saure Sahne
1/2 Päckchen Vanille-Puddingpulver
1/4 l Milch, 60 g Puderzucker
100 g Marzipan
200 g Aprikosenkonfitüre
3–4 Esslöffel Aprikosenlikör
etwas Margarine zum Einfetten der Form

Kokosma*kronen* der Heiligen Drei Könige

140 g Kokosraspeln
2 Eier
100 g Zucker
1 Prise Salz
je 1 Messerspitze Anis, Kardamon und Zimt
je 1/2 Teelöffel Vanillepuder und Orange-Back
circa 10 Oblaten

Eiweiß vom Eigelb trennen, Salz zum Eiweiß geben und steif schlagen, nach und nach Zucker dazu geben. Die übrigen Zutaten mit dem Eigelb verrühren und dann den Eischnee vorsichtig darunter heben. Mit Backpapier ein Backblech belegen und die Oblaten darauf verteilen. Den Teig, am besten mit Hilfe von zwei Teelöffeln, auf die Oblaten häufeln. Das Backblech mit den KoskosmaKRONEN in einen vorgeheizten Backofen schieben und etwa 10–12 Minuten bei 160 Grad ausbacken.

Stern von Bethlehem

300 g Mehl
200 g Butter
60 g feiner Zucker
1 Eigelb
6 Esslöffel heißes Wasser
6 bittere, feingehackte Mandeln

zum Bestreichen:
1 Esslöffel Milch mit Eigelb verquirlen
zum Bestreuen:
grober Hagelzucker

Die Butter schaumig rühren und nach und nach Zucker, Eigelb, Wasser und Mandeln untermengen. Zuletzt mit Mehl verkneten und kühl stellen. Anschließend 1 Zentimeter dick ausrollen und mit einem Förmchen (achteckige!) Sterne ausstechen oder mit einem Teigrädchen ausrädeln. Die Sterne mit Eigelb bestreichen und mit Hagelzucker bestreuen, dann 10–15 Minuten bei 175–190 Grad ausbacken.

Kölner Neujahrsbrezel

350 g Mehl
20 g Hefe
50 g Butter
3 Esslöffel saure Sahne
1 Ei
40 g Zucker
1/4 Teelöffel Salz
1 Messerspitze Muskat
abgeriebene Schale einer halben Zitrone
zum Bestreichen: 1 Eigelb

Mehl in eine Schüssel geben, in die Mitte ein Vertiefung drükken und die zerbröckelte Hefe hineingeben, dann mit Milch und etwas Mehl zu einem Vorteig verrühren, der 15 Minuten gehen muss. Flüssige Butter und die übrigen Zutaten zu dem Vorteig geben und zu einem glatten Hefeteig kneten. Wieder 15 Minuten an einem warmen Ort gehen lassen. Anschließend aus dem Teig drei Stränge von 50 Zentimeter Länge rollen, die am Ende dünner werden. Einen Zopf flechten, diesen zu einer Brezel formen und auf ein gefettetes Backblech legen. Nochmals an einem warmen Ort 20 Minuten gehen lassen. Vor dem 35–40-minütigen Backen in einem auf 180 Grad Celsius vorgeheizten Backofen die Oberfläche mit Eigelb bestreichen.

Neujährchen oder Hippen

250 g weißer Kandis, 0,5 l Wasser, 125 g Butter o. Margarine, 2 Eier, 375 g Mehl, 1 Beutel Vanillezucker, abgeriebene Schale einer ungespritzten Zitrone

Den Kandis mit Wasser aufkochen, bis er sich auflöst, dann abkühlen lassen. Die Butter erwärmen, auflösen und nach dem Abkühlen schaumig schlagen. Den Kandis zur Butter geben, danach die Eier, gesiebtes Mehl und die Gewürze unterrühren. Den Teig in einem Waffeleisen backen und heiß zu Tütchen oder Röllchen formen. – Man kann die Hippen auch nach dem Erkalten noch mit den Enden in Schokoladenglasur tauchen.

Suppe aus dreierlei Mus

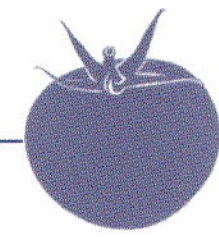

200 g säuerliche Äpfel (z.B. Boskop)
200 g geputzte Knollensellerie
200 g geschälte Tomaten
0,2 l Sahne
1 l Hühnerbrühe
Butter
Salz
Pfeffer

In je einem Drittel der Brühe das Gemüse für sich kochen und dann fein passieren. Die Sahne darunter ziehen und mit Salz und Pfeffer abschmecken. Jede der Suppen mit einem Esslöffel kalter Butter vollenden und in einer von drei Ecken des Suppentellers einfüllen. Mit einem Löffelstiel die drei Suppen vorsichtig miteinander verrühren, so dass ein Muster entsteht. Nach Wunsch mit frisch gerösteten Croutons oder Zwiebelwürfelchen bestreuen.

Dreier-Busserl

250 g Mehl
120 g Zucker
1/2 Päckchen Lebkuchengewürz
2 Eier
1 Esslöffel gehackte Haselnüsse
1 Esslöffel gehackte Datteln
Margarine zum Einfetten der Form

Für die Glasur:
100 g Puderzucker
2 Teelöffel Rum

Zum Garnieren:
Mandel- und Dattelstifte

Eier mit Zucker schaumig rühren und gesiebtes Mehl dann langsam einrieseln lassen. Lebkuchengewürz, Haselnüsse und Datteln unterrühren. Aus dem Teig Kugeln von 2 cm Durchmesser formen und in eine Kugel eine Münze oder Bohne einfügen. Blech einfetten und jeweils drei Kugeln zu einem Dreieck dicht aneinander auf das Blech legen. In den vorgeheizten Ofen schieben und 15 bis 20 Minuten backen. Die (aus der Wiener oder böhmischen Küche stammenden) Busserln wachsen beim Backen zusammen. Die erkalteten Gebäcke mit Puderzucker bestäuben und mit Rum beträufeln.

Ich hole mir ’nen Stern vom Himmel: Basteln

Nicht nur zur Fastnacht schlüpfen wir in andere Rollen und spielen etwas vor. Wir tun dies, um etwas zu vergegenwärtigen, es in die Gegenwart zu holen. So ziehen die Sternsinger wie die Heiligen Drei Könige über Land und bringen ihren Segen zusammen mit der Botschaft, dass der Sohn Gottes, der uns erlöst, in einem Stall geboren wurde.
Wer in eine andere Rolle schlüpft, braucht dafür Utensilien. Nachfolgend sind Beispiele dafür zusammengestellt, wie man sich als Sternsinger ausstatten kann.

1. Grundkonstruktion der Sterne

Alle Sterne werden aus der gleichen Grundform hergestellt: 40 x 40 cm.

TIPP: Am schnellsten geht die Konstruktion mit einem Zirkel.

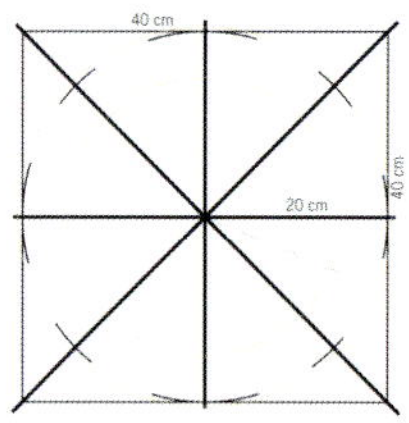

Wir zeichnen die beiden Diagonalen ein und im Schnittpunkt das Kreuz. Auf den Diagonalen und auf dem Kreuz zeichnen wir eine Markierung bei 20 cm vom Mittelpunkt aus. Nun haben wir die Punkte für die aussenliegenden Ecken des Sterns.

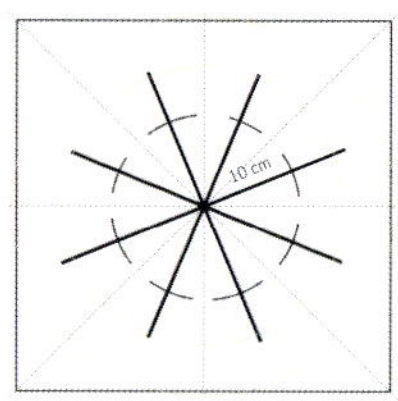

Wir benötigen noch die inneren Punkte des Sterns. Dazu teilen wir die acht Felder jeweils einmal in der Mitte. Hier zeichnen wir uns eine Markierung 10 cm vom Mittelpunkt an.

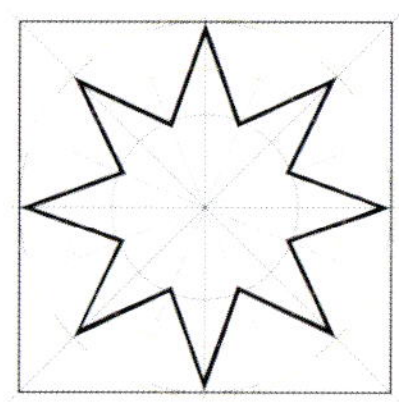

Nun kann man die jeweils äußeren Punkte mit den inneren verbinden und erhält so einen regelmäßigen, achteckigen Stern.

Für den zweiten, kleineren Stern können wir die gleiche Zeichnung verwenden und innen paralelle Linien in 2 cm Abstand zeichnen. Wenn wir den Stern wie oben beschrieben neu zeichnen, sind die Maße 13,5 und 7 cm.

2. Pappstern mit Goldfolie

TIPP: Versuchen Sie die Folie an der Spitze so einzuschlagen und umzukleben, dass gerade die Spitze umklebt ist.

Der Stern der Grundkonstruktion wird auf die Pappe aufgezeichnet und mit dem Cutter oder Teppichmesser ausgeschnitten. Dabei den Cutter am Lineal entlangziehen. Danach wird der Stern mit Folie beklebt. Hier ist es wichtig, dass die Kanten des Sterns umklebt werden, damit die Pappe sich bei Regen nicht auflöst.

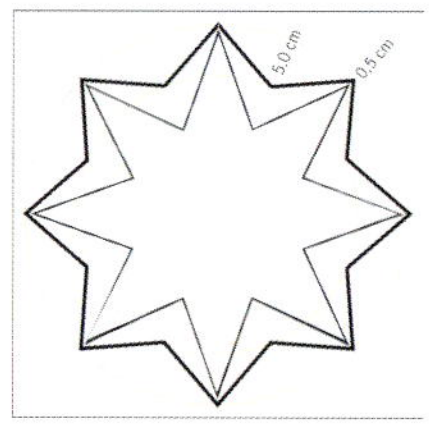

Für eine Folienbeklebung muss die Folie größer zugeschnitten und um die Kante des Sterns geklebt werden. Wir geben an den äußeren Ecken 0,5 cm, an den inneren 5,0 cm zu und schneiden die Zugabe der Folie bis zum Stern ein. Den vorher ausgeschnittenen Stern kann man als Vorlage benutzen. Noch einmal den Stern exakt gleich groß aus der Folie

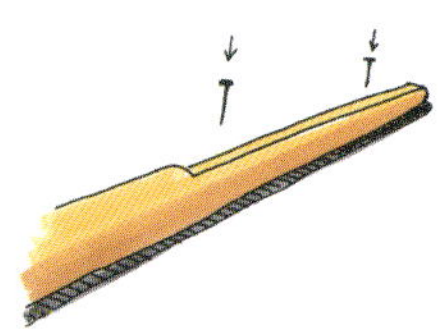

zuschneiden und jetzt auf die andere Seite des Pappsterns kleben, sodaß sich die Folien überlappen. Anschliessend wird der Stern an 2 Punkten an den Besenstiel genagelt. Wenn man den Besenstiel an einem Ende ca. 40cm abflacht (siehe Zeichnung) geht das Nageln leichter.

MATERIALIEN:

Grundkonstruktion:
- Lineal, Geodreieck, Zirkel

Stern mit Goldfolie
- Cutter oder Teppichmesser
- 1 Bogen Graupappe (40 x 40 cm)
- 2 Bogen Goldfolie (45 x 45 cm)

Holzsterne
- eine Holzplatte (3-4 mm stark) oder Multiplex (je 45 x 45 cm)
- wasserfesten Lack zum Bemalen

Ausserdem:
- Kleber oder Heisskleber
- 1 Besenstiel
- Nägel und Hammer

3. Holzstern

Der Stern der Grundkonstruktion wird auf die Holzplatte aufgezeichnet und mit einer Laub- oder Stichsäge ausgesägt.

Anschließend wird der Stern lackiert. Die Kanten werden besonders gründlich lackiert, da hier schnell Wasser eindringen kann.

Nun kann der Stern mit den besorgten Materialien verziert werden. Dabei sollte man immer auch die Verzierungen sternförmig aufkleben.

Auch dieser Stern wird anschließend an den Besenstiel genagelt.

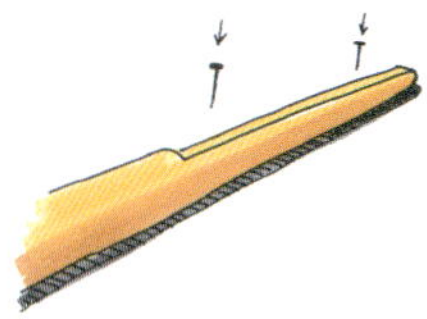

TIPP:
Zur Verzierung können z. B. Strasssteine, Perlen, Muscheln, usw. verwendet werden

4. Versetzter Stern

Dieser Stern besteht aus 2 Sternen, die versetzt aufeinander geklebt werden. Für den äußeren Stern: Hierzu übertragen wir die Zeichnung des Sterns auf das größere Holz. Zusätzlich zeichnen wir noch an den äußeren Ecken 13,5 cm an und an den dazugehörigen, tiefen Ecken 7cm (siehe Zeichnung). Wir erhalten so einen Stern mit einem 2cm breiten Steg bzw. zwei Sterne.

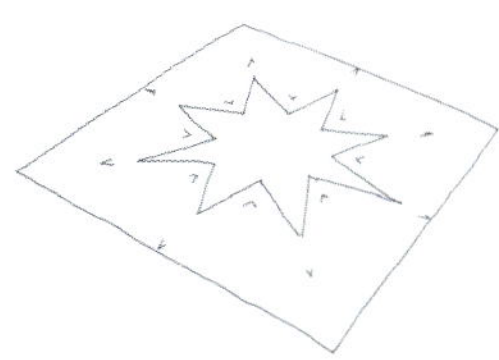

Für den kleineren Stern zeichnen wir auf die zweite Platte folgenden Stern: äußere Zacken 13,5 cm vom Mittelpunkt, innere Zacken 7cm. Diesen Stern sägen wir ebenfalls aus.

Anschließend wird der kleinere Stern versetzt auf den größeren geklebt, dabei darf der Kleber nur an den überlappenden Stellen aufgetragen werden. Nun wird der Stern lackiert, auch an den Kanten. Zum Schluß wird er auf den Besenstiel genagelt.

MATERIALIEN:

- stabiler goldfarbener Karton (z. B. Chromolux gold 250 g) aus dem Schreibwarenladen.
- Für eine Krone: 70 x 12 cm; für 20 Kronen: 1 Bogen 70 x 100 cm
- Büroklammer oder Hefter
- Linieal, Schere

TIPP:
Wenn man zwei Kronen gleichzeitig herstellt, kann man (siehe Zeichnung) die Kronen ineinanderschieben. So passen auf einen Bogen Goldkarton im Format 70 x 100cm 20 Kronen.

Verzierungsmaterial:

- Perlen, Strasssteine zum Verzieren
- Kleber

5. Pappkrone

VORTEIL: Geht schnell und einfach - hält jedoch nicht lange.

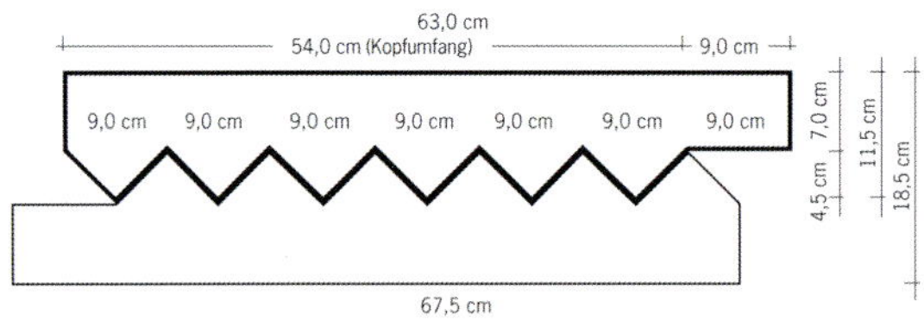

Wir zeichnen einen Streifen von 7 cm auf die Pappe (siehe Zeichnung). Die Länge beträgt circa 63 cm entsprechend dem Kopfumfang. Bei einem 8- bis 10-jährigen Kind ca. 54 cm plus 9 cm Überlappung. Für die Zacken zeichnen wir über die Linie paralell noch eine zweite Linie im Abstand von 4,5 cm zur ersten Linie. In der Länge teilt man den Streifen gleichmäßig alle 4,5 cm. Nun werden die Punkte laut Zeichnung verbunden. Hier sind natürlich Varianten möglich. Für eine Krone mit kleineren Zacken könnte z. B. die zweite Linie nur 3 cm von der ersten entfernt liegen und auch dementsprechend das Raster kleiner sein in den Unterteilungen, z. B. 2,5 cm. Anschließend wird die Krone mit Folie beklebt und eventuell verziert. Hinten wird sie am Schluß mit Heftklammern geschlossen. Man kann die Krone auch direkt aus der Folie schneiden, dann sollte man allerdings etwas dickere Folie besorgen.

TIPP:
Zum Lagern der Krone die Heftklammern herausnehmen, damit die Krone flach gelegt werden kann.

6. Turban

VORTEIL: Der Turban wird auf den Kopf des Kindes gebunden und passt somit immer genau. Ausserdem wärmt er, wenn er über die Ohren gebunden wird. Wenig Material, geringer Zeitaufwand.

1. Das eine Baumwolltuch drehen wir von der Mitte aus zu einer dicken Kordel. Dabei drehen die Hände in entgegengesetzte Richtung. Am Ende fixieren wir die Kordel mit ein paar Stichen. Der entstandene Ring sollte ungefähr einen Umfang von 54 cm haben.

2. Danach ziehen wir das zweite Baumwolltuch wie ein Hexenkopftuch auf den Kopf des Kindes, darüber ziehen wir die Kordel. Das Tuch soll an allen Seiten unter der Kordel hervorstehen.

3. Vorsichtig ziehen wir nun beides wieder zusammen vom Kopf ab und fixieren mit ein paar Stichen das Tuch an der Kordel.

MATERIALIEN:

- Stoffrest: Größe 50 x 30 cm (es sollte festerer Stoff sein, schön ist natürlich alle Art von edlem Stoff, z. B. brokatähnlich)
- Vlieselineeinlage, bzw. Watteeinlage, Größe: 50 x 30 cm, 1cm dick
- 1 Stück Gummiband, 3–4 cm breit 15 cm lang
- alle Materialien aus dem Stoffgeschäft

VORTEIL: Die Krone passt vielen Kindern durch das flexible Gummiband. Durch die Vlies-einlage ist sie gleichzeitig eine Mütze.

7. genähte Stoffkrone

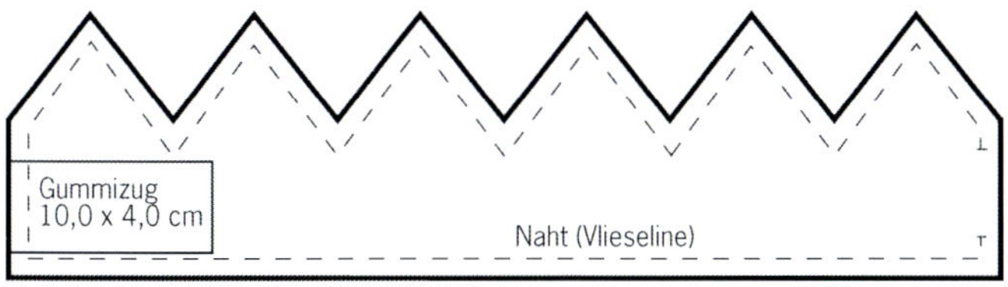

48,0 cm (Kopfumfang des Kindes minus 6 cm)

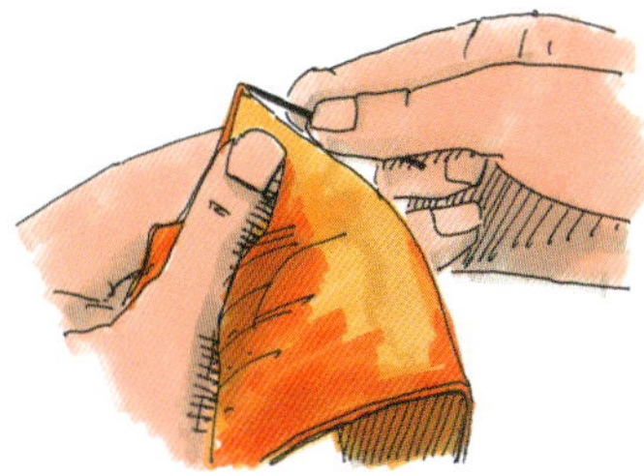

Als Schnittmuster dient die Zeichenvorlage. Zuerst schneiden wir 2-mal (Stoff übereinander legen) diese Vorlage mit 1 cm Nahtzugabe aus dem Stoff zu. Die Vlieselineeinlage schneiden wir 1-mal ohne Nahtzugaben zu. Nun wird die Vlieselineeinlage mit Stecknadeln auf der linken Seite des Stoffes befestigt.

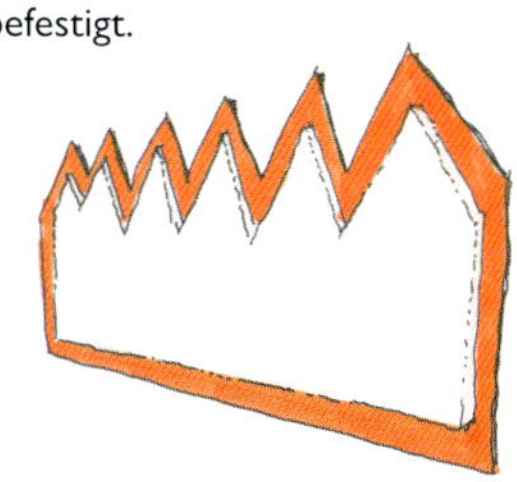

Die beiden Stoffe werden nun rechts auf rechts aufeinandergelegt, dabei wird das Gummiband an einer Seite zwischen die Stoffe gelegt, sodass es nach innen zeigt. An den Rändern wird nun 1 cm breit gesteppt.
Man kann die Vlieselineeinlage ganz knapp mitsteppen, dann kann sie später nicht verrutschen. Ein Ende der Krone bleibt offen, damit wir die Krone anschließend durchziehen können. Vor dem Wenden werden alle Nahtzugaben knapp zurückgeschnitten. Nun wenden wir die Krone, anschließend holen wir alle Spitzen von aussen vorsichtig mit einer Nadel heraus.

Jetzt bügeln wir die Krone glatt. (nur auf Stufe 1-2, wegen der Vlieseinlage). Abschließend legen wir das Gummiband an der anderen Seite zwischen die Stoffe, legen die Nahtzugaben nach innen und steppen die Seite der Krone zu.

MATERIALIEN:

- Stoff, alle Sorten glänzender oder etwas edel anmutender Stoffe
- Größe: 140 cm breit, Länge: je nach Größe des Kindes
- breite Kordel
- Evtl.: starke Vlieseline zum Aufbügeln für einen stehenden Kragen
- Evtl: alle möglichen Materialien zum Verzieren, z. B. Spitze, Bordüren, Bänder, Kordel, Troddeln

8. Sternsinger-Umhang

Der Umhang passt allen Kindern und ist so groß, dass sie eine dicke Jacke darunter anziehen können. Vielleicht kann man Muster oder Reste von Dekorationsstoffen in Fachgeschäften bekommen, hier kann man auch nach dicken Kordeln, evtl. Troddeln fragen. Wer selbst etwas zusammenstellen muss, sollte sich vor allem an den Pfarrer, Kaplan oder Sakristan (Mesner) wenden, denn Ministranten- und Chorröcke sind ein gutes „Grundgewand" für die Drei aus dem Morgenland.

TIPP:
Für einen Umhang mit einem stehenden Kragen bügeln wir dicke Vlieseline in der gewünschten Kragenbreite ohne Naht (also 4 bis 14 cm breit) auf.

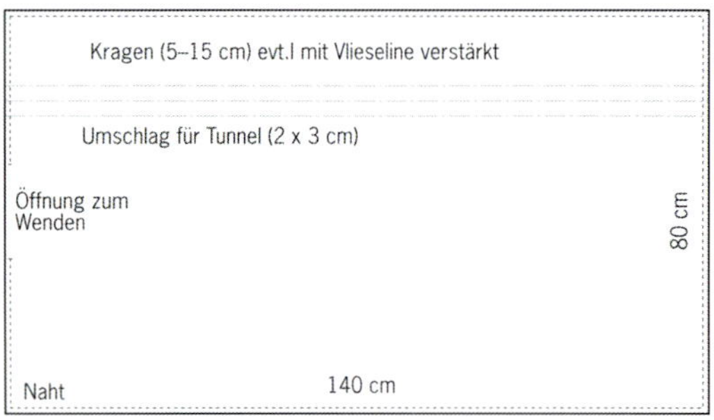

Wir schneiden die Grundform 2-mal aus Stoff zu, am einfachsten, indem der Stoff beim Zuschneiden doppelt liegt.

TIPP: Wenn man die beiden Stofflagen aus unterschiedlichen Materialien zuschneidet, kann man den Umhang später als Wendeumhang benutzen.

Wir legen die Stoffe rechts auf rechts aufeinander und steppen sie an den Außenkanten aufeinander, Nahtabstand circa 1 cm. Dabei lassen wir zum Wenden ein ca. 15 cm langes Stück der Naht offen. Wir wenden den Umhang durch das Loch und nähen es an dieser Stelle zu. Jetzt wird der Umhang glatt gebügelt. Wenn wir einen Kragen wollen, legen wir die obere Längskante so weit um, wie der Kragen stehen soll: 5 cm für einen kleinen, 15 cm für einen großen Kragen. Um die Kordel einziehen zu können, benötigen wir nun noch einen Tunnel. Wir schlagen das obere Ende bzw. an der Kante des Kragens 2-mal circa 3 cm breit ein und bügeln die Umschläge glatt. Jetzt nähen wir an beiden Kanten entlang, um den Tunnel zu erhalten. Am Schluss ziehen wir die Kordel in den Tunnel. An den Kordelenden können nun auch Troddeln befestigt werden.

TIPP:
Der Umhang wird am Schluss mit vorhandenen Materialien verziert, z. B. kann an allen Kanten eine Bordüre aufgenäht werden.

9. Sammeldose

MATERIALIEN:

- eine Kaffeedose mit Plastikdeckel
- Folie, Aufkleber

In den Deckel der Dose schneiden wir ein Loch, ca. 0,5cm breit und 5cm lang, zum Einstecken des Geldes. Die Dose wird nun mit Folie beklebt. Man kann anschließend auch aus einer anderen Folie Sterne ausschneiden und diese aufkleben. Das PMK gibt auch Aufkleber der Jahresaktion heraus, die man auf die Dosen kleben kann.

Zeittafel

7 v. Christus	Geburt Jesu in Betlehem
1158 n. Christus	Auffindung der Gebeine der Heiligen Drei Könige in Mailand
9. Juni 1164	Erzbischof Rainald von Dassel, Erzkanzler von Italien, erhält die Reliquien der Heiligen Drei Könige zum Geschenk
23. Juli 1164	Ankunft der Reliquien in Köln
1180–1220	Nikolaus von Verdun und Mitarbeiter stellen den Dreikönigenschrein her
15. August 1248	Grundsteinlegung zum gotischen Dom in Köln
1322	Übertragung des Reliquienschreins vom romanischen in den gotischen Dom
2. Hälfte, 17. Jh.	Das Gittergehäuse um den Dreikönigenschrein wird durch ein marmornes Mausoleum ersetzt
1794	Dreikönigenschrein wird vor Napoleon nach Arnsberg in Sicherheit gebracht
1804	Rückkehr des Dreikönigenschreins
1864	Dreikönigenschrein gelangt in die Schatzkammer, Untersuchung der Gebeine
1920	Dreikönigenschrein wird wieder an einzelnen Tagen im Dom gezeigt
1948	Dreikönigenschrein wird in einer Vitrine hinter dem Hauptaltar erhöht aufgestellt
6. Januar 2004	Neues Untergestell und neue Vitrine für den Dreikönigenschrein, der nun unterschritten werden kann

Literatur und Filme

AD SUMMUM, 1248. Der gotische Dom im Mittelalter. Ausstellung des Historischen Archivs der Stadt Köln aus Anlaß der Grundsteinlegung des Kölner Doms vor 750 Jahren. Köln 1998

ANGENENDT, ARNOLD, Heilige und Reliquien. Die Geschichte ihres Kultes vom frühen Christentum bis zur Gegenwart. München 1994

ANGENENDT, ARNOLD, Geschichte der Religiosität im Mittelalter. Darmstadt 1997

BAUMGARTEN, JÖRG-HOLGER, Kölner Reliquienschreine. (= Köln entdecken, 3). Köln 1985

BECKER-HUBERTI, MANFRED, Lexikon der Bräuche und Feste. Über 3.000 Stichwörter mit Infos, Tipps und Hintergründen für das ganze Jahr. Freiburg, Basel, Wien [2]2001

BECKER-HUBERTI, MANFRED, Feiern – Feste – Jahreszeiten. Lebendige Bräuche im ganzen Jahr. Geschichte und Geschichten, Bilder und Legenden. Freiburg, Basel, Wien [3]2001

BENEDIKTIONALE, Freiburg, Basel, Wien 2002

CHRISTERN, ELISABETH, Johannes von Hildesheim, Florentius von Wevelinghoven und die Legende von den Heiligen Drei Königen. Köln: Bibliophile Gesellschaft 1960

FASOLA, B. / UMBERTO, MARIA, Die Domitilla-Katakombe und die Basilica der Märtyrer Nereus und Achilleus. (= Pontificia Commissione di Archeologia Sacra). Città del Vaticano [3]1989

GOSMANN, MICHAEL (Hrsg.), Zuflucht zwischen Zeiten 1794–1803. Kölner Domschätze in Arnsberg. Arnsberg 1994

HAASIS-BERNER, ANDREAS, Pilgerzeichen des Hochmittelalters. (= Veröff. z. Volkskunde u. Kulturgesch., hrsg. v. Heidrun Alzheimer-Haller und Klaus Reder, 94). Würzburg 2003

HÄSSLIN, JOHANN JAKOB, Das Buch Weinsberg. Köln [4]1990

HILDESHEIM, JOHANNES VON, Die Legende von den Heiligen Drei Königen (= Historia Trium Regum), übersetzt von E. Christern, Köln 1960

HOFMANN, HANS, Die Heiligen Drei Könige. Zur Heiligenverehrung im kirchlichen, gesellschaftlichen und politischen Leben des Mittelalters. Bonn 1975

HONNEFELDER, LUDGER / TRIPPEN, NORBERT / WOLFF, ARNOLD (Hrsg. i. A. des Metropolitankapitels), Dombau und Theologie im mittelalterlichen Köln. Festschrift zur 750-Jahrfeier der Grundsteinlegung des Kölner Domes und zum 65. Geburtstag von Joachim Kardinal Meisner 1998. (= Studien zum Kölner Dom, hrsg. von Arnold Wolff, Dombau und Theologie im mittelalterlichen Köln, 6). Köln 1998

KATALOG 1982, Die Heiligen Drei Könige – Darstellung und Verehrung. Katalog zur Ausstellung des Wallraf-Richartz-Museums in der Josef-Haubrich-Kunsthalle, Köln, 1. Dezember 1982–30. Januar 1983. Köln 1982

KEHRER, HUGO, Die Heiligen Drei Könige in Literatur und Kunst. 1908, 2 Bde.

KRACHT, HANS-JOACHIM / TORSY, JAKOB (†) (Hrsg.), Reliquiarium Coloniense. (= Studien zur Kölner Kirchengeschichte, 34). Siegburg 2003

MEISEN, KARL, Die Heiligen Drei Könige und ihr Festtag im volkstümlichen Glauben und Brauch. Köln 1949

MOSER, HANS, Zur Geschichte des Sternsingens. In: Ders.: Volksbräuche im geschichtlichen Wandel. München 1985, 58–73

NYSSEN, WILHELM, Heiliges Köln. Wallfahrten zu den Heiltümern der Frühzeit. Köln 1975

NYSSEN, WILHELM. Der Dom zu Köln. Spiegel der Nähe Gottes. Köln 1980

SCHINDLER, ALFRED (Hrsg.), Apokryphen zum Alten und Neuen Testament. Zürich ³1989

SPAPENS, PAUL / HORSTEN, PIET, Driekoningenzingen. Een lange en levende traditie. (= Volkscultuur, 3). Utrecht 1996

TORY, JAKOB, Achthundert Jahre Dreikönigenverehrung in Köln. In: Kölner Domblatt, Jahrbuch des Zentral-Dombauvereins, 23/24 (1964), 15–162

WESTERMANN-ANGERHAUSEN, HILTRUD, Die Heiligen Drei Könige. Köln 1996

ZWIERLEIN-DIEHL, ERIKA, Die Gemmen und Kameen des Dreikönigenschreines. (= Denkmäler Deutscher Kunst, Die großen Reliquienschreine des Mittelalters, Bd. 1: Der Dreikönigenschrein im Kölner Dom, Teilband 1.1: Die Gemmen und Kameen des Dreikönigenschreines. Studien zum Kölner Dom, hrsg. von Arnold Wolff, 5). Köln 1998

LANDSCHAFTSVERBAND RHEINLAND, Amt für rheinische Landeskunde, Bonn. Autor: Alois Döring. Wir kommen daher aus dem Morgenland [...] Dreikönigssingen im Rheinland – gestern und heute. Bonn 1995. VHS, 40 Minuten

SPIEGEL TV Special, Die Heiligen Drei Könige. Hamburg 2003. VHS

Bildnachweis

Die Sammler von christlichen Motiven auf Briefmarken sind zusammengeschlossen in der Sammlergilde St. Gabriel e.v.; Infos bei Pfarrer Hans G. Schönen, Roncalliplatz 2, 41569 Rommerskirchen, der uns auch die 94–117 abgebildeten Marken zur Verfügung gestellt hat. – Friedhelm Ackermann, Arnsberg 18, 19 – Alinari, Florenz 72 – Alte Pinakothek, München 163 – Archiv Manfred Becker-Huberti 23, 27, 126 – Bernward-Verlag GmbH, Hildesheim 34, 35 – bhf-Medienproduktion 180 – Robert Boecker, Köln 22, 29, 84 – Markus Bollen/PEK 10, 15, 27, 76 Mitte, 78, 93, 118, 120 oben, 123, 136, 138, 139, 148, 150 links, 167, 168, 172, 176 – Bonifatiuswerk der deutschen Katholiken, Paderborn 32 – Dombauarchiv, Köln 12, 20, 24, 84 unten, 120 links, 124, 140, 142, 152, 153, 154, 155, 156, 158, 159, 160, 161, 162, 165 – Erzbischöfliches Diözesanmuseum, Köln 30, 33, 70, 71 – Verlagsarchiv 9, 17, 19, 22, 25, 28, 67, 74, 75, 79, 129, 149, 151, 157, 173 – Güterloher Verlagshaus Gerd Mohn 174, 177 – Celia Körber-Leupold, Köln 16 – Hüsch & Hüsch, Aachen 84, 192–197 – Rheinisches Bildarchiv, Köln 145 oben – Manuela Keggenhoff 82, 83 – Sascha Keggenhoff 80, 191 – Erich Läufer, Köln 81, 129, 131, 143 oben, 145 rechts – Kunsthalle Hamburg 77, 79 – Kunstverlag PEDA, Passau 146 – Thomas Neuhaus, Billerbeck 6, 166 – Pontificia Commissione di Archeologia Sacra, Rom 141 – Phototèque Giraudon, Paris 63, 64, 65 – Prado, Madrid 73, 85, 150 oben – Hans-Christian Rüngeler, Köln 166 oben, 170, 171 – Schnütgen Museum, Köln 87, 130 – Schott´s Söhne Verlag 11 – Schweizerische Brotinformation, SBI 187, 189 – Gudrun Sirok, Meschede 135 – Staatliches Museum, Kassel 133 – Felix Timmermans 183.

Es konnten nicht alle Rechteinhaber ermittelt werden; wir bitten, sich gegebenenfalls mit dem Verlag in Verbindung zu setzen.